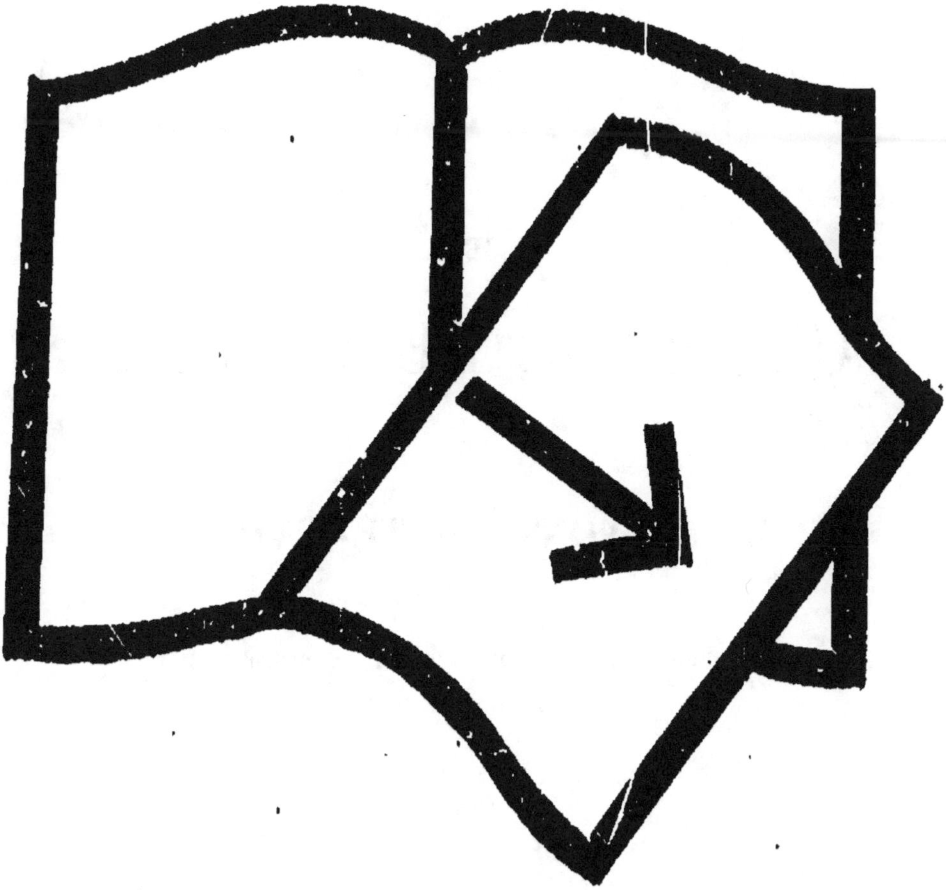

Couvertures supérieure et inférieure manquantes

LES

ACCIDENTS DE TRAVAIL

ET

LA RESPONSABILITÉ CIVILE

(ESSAI D'UNE THÉORIE OBJECTIVE DE LA RESPONSABILITÉ DÉLICTUELLE)

LES
ACCIDENTS DE TRAVAIL

ET

LA RESPONSABILITÉ CIVILE

(ESSAI D'UNE THÉORIE OBJECTIVE DE LA RESPONSABILITÉ DÉLICTUELLE)

PAR

RAYMOND SALEILLES

AGRÉGÉ A LA FACULTÉ DE DROIT (UNIVERSITÉ DE PARIS)

PARIS

LIBRAIRIE NOUVELLE DE DROIT ET DE JURISPRUDENCE

ARTHUR ROUSSEAU, ÉDITEUR

14, RUE SOUFFLOT ET RUE TOULLIER, 13

1897

LES ACCIDENTS DE TRAVAIL

ET

LA RESPONSABILITÉ CIVILE

---

1. — La Cour de Cassation a rendu assez récemment, dans cette grosse question de la responsabilité en matière d'accidents de travail, une décision qui est susceptible, je crois, d'avoir une portée considérable [1]. Il pourrait bien se faire que ce fût toute la théorie du risque professionnel qui par là fît son entrée définitive dans notre pratique judiciaire. Il y a tout lieu du reste de s'en féliciter, si l'on considère les lenteurs que rencontrent aujourd'hui chez nous les lois les plus urgentes. C'est donc de la jurisprudence avant tout qu'il nous faut attendre l'évolution du progrès juridique ; et d'ailleurs nous savons par le grand exemple historique du droit romain que c'est une loi sociologique que, quoiqu'on fasse, et si étroitement qu'on veuille l'enfermer sous l'appareil législatif, le pouvoir qui juge trouvera toujours quelque fissure pour en sortir, aller de l'avant et préparer la voie au pouvoir qui fait la loi.

Dans cette matière des accidents de travail, tant en Belgique que chez nous, il y a longtemps déjà que la jurisprudence,

1. *Cass., 16 juin 1896*. — Je reproduis ici uniquement le passage qui puisse avoir une valeur doctrinale au point de vue de la construction juridique : « *Attendu que l'arrêt attaqué constate souverainement que l'explosion de la machine du remorqueur à vapeur* MARIE, *qui a causé la mort de T..., est due à un vice de construction ; qu'aux termes de l'article* 1384 *C. civ., cette constatation, qui exclut le cas fortuit et la force majeure, établit, vis-à-vis de la victime de l'accident, la responsabilité du propriétaire du remorqueur, sans qu'il puisse s'y soustraire en prouvant, soit la faute du conducteur de la machine, soit le caractère occulte du vice incriminé ; — D'où il suit, etc., etc...* — Cet arrêt a donné lieu à une note extrêmement importante de M. ESMEIN, dans Sir. 1897.1.17. Il semblerait toutefois d'après un arrêt plus récent de la Chambre des Requêtes (Cass. Req., 30 mars 1897) que la jurisprudence de la Chambre des Requêtes tendît à différer de celle de la Chambre civile.

avec une conscience des besoins pratiques et des nécessités également de la justice sociale qu'on ne saurait trop admirer, paraît chercher une ligne de direction et comme une orientation définitive [2]. La solution que vient d'adopter en France la Cour de Cassation pourrait bien être un pas décisif fait dans une voie nouvelle, et dont il y a lieu de montrer toutes les conséquences possibles et toute l'importance.

Mais peut-être, à ce point de vue même, serait-il insuffisant d'en restreindre la portée à la question seulement de la responsabilité en matière d'accidents de travail ; je ne sais pas s'il n'y aurait pas plutôt comme l'indication d'une voie nouvelle où, comme inconsciemment et sans trop s'en rendre compte, on paraît s'engager dans l'interprétation de l'article 1382 et en tant qu'il s'agit de la notion actuelle du délit civil.

2. — Les faits qui ont donné lieu à l'arrêt du 16 juin 1896 sont des plus simples. L'un des tubes de la machine à vapeur d'un remorqueur éclate, la vapeur s'échappe et atteint le mécanicien qui meurt de ses blessures. On avait bien constaté sans doute qu'à l'endroit où la rupture s'était produite exis-

2. Je n'ai pas la prétention de donner ici une bibliographie de la matière : on trouvera d'ailleurs une bibliographie très complète dans l'un des derniers et des meilleurs ouvrages sur la question, Tarbouriech, *La responsabilité des accidents dont les ouvriers sont victimes dans leur travail* (Paris, 1896), en appendice. Pour la bibliographie étrangère principalement, voir Fromageot, *De la faute, comme source de la responsabilité en droit privé.* Comme revue de jurisprudence et résumé des principaux arrêts en matière d'accidents de travail, au point de vue principalement de la conception que la jurisprudence se fait de la faute à l'égard du chef d'industrie, voir Tarbouriech, *Les assurances contre les accidents du travail*, pp. 203 et suiv., p. 208, nos 307, 312 et suiv. ; Code annoté de M. Fuzier-Herman, continué par M. Darras, sur les art. 1382 et suiv. — Cf. Mongin, dans *Revue bourguignonne de l'Enseignement supérieur*, année 1894, p. 439 et suiv. — P. Pic, dans *Annales de droit commercial*, année 1892, p. 246, et année 1893, p. 440. Pour ce qui est de la jurisprudence belge, on la trouvera dans les importantes et nombreuses publications de M. Sainctelette, si connues de tous ceux qui se sont occupés de la question. On peut dire que c'est M. Sainctelette qui a été comme le promoteur du mouvement sur le terrain de l'interprétation juridique ; et l'on ne saurait assez lui rendre justice à cet égard. D'autres ont fait davantage peut-être en vue de la solution législative de la question ; mais, lorsque les lois sont si difficiles à élaborer, il faut surtout être reconnaissant à ceux qui, par un mouvement de doctrine et de jurisprudence, permettent d'aboutir à des changements d'interprétation qui équivalent à de véritables réformes pratiques, en attendant l'intervention de la loi. C'est cet hommage qu'il importe de rendre à M. Sainctelette : il a été en cette matière un promoteur et un merveilleux agitateur, au sens le meilleur et le plus honorable du mot.

tait un défaut de soudure : c'était un vice de construction. Mais la Cour n'invoque cette constatation de fait que pour en tirer la preuve que l'accident ne provenait pas d'un cas fortuit, au sens technique du mot, c'est-à-dire d'une force majeure excluant tout lien de causalité directe par rapport au propriétaire du remorqueur.

Cette constatation faite, la Cour n'invoque ni l'article 1382, ni l'existence d'une clause tacite de garantie provenant du contrat de travail ; mais, rattachant la solution à la disposition de l'article 1384, § 1, elle déclare, sans autres conditions de preuve, qu'il suffit de cette constatation, c'est-à-dire de ce rapport de causalité entre l'accident et l'outillage mécanique dont le patron avait la garde, pour qu'il y ait responsabilité du patron : c'est un cas de responsabilité du fait des choses, sans qu'apparaisse l'idée de clause contractuelle, ni même l'idée de faute. Tout élément de volonté se trouve écarté, soit sous forme de contrat, soit sous forme de faute subjective et délictuelle. C'est une responsabilité purement objective, dérivant du fait lui-même et de sa matérialité ; et c'est cette conception nouvelle et cette portée considérable de la décision, qu'il importe de mettre en relief, avant même d'aborder l'application qui en est faite à la question spéciale des accidents de travail.

I

3. — C'est en effet un phénomène très curieux à constater, et que jusqu'alors on n'a peut-être pas suffisamment mis en relief, que les deux directions absolument divergentes que prennent aujourd'hui, par une sorte de bifurcation du reste tout à fait rationnelle, le droit pénal et le droit civil. En droit pénal de plus en plus c'est le point de vue subjectif qui l'emporte; la matérialité du fait s'atténue et disparaît presque. C'est l'agent dans sa nature morale que l'on juge et que l'on apprécie ; c'est la volonté que l'on mesure ; c'est la faute seule qui est en jeu, faute subjective au sens le plus complet du mot. N'est-ce pas absolument légitime ? Il s'agit d'une condamnation qui doit atteindre l'individu et qui vise ce qu'il y a de plus subjectif en lui, sa criminalité.

En droit civil, ces analyses de la volonté deviennent sans doute de plus en plus délicates et approfondies là où tout repose en effet sur la volonté, et où il s'agit de savoir ce qu'on a voulu, en matière de contrats et de testaments par exemple. Mais là où le rapport de droit est attaché surtout aux faits extérieurs, aux manifestations sociales de la vie, où par suite l'intérêt des tiers est engagé, et où il importe d'adapter les résultats juridiques à ce que les tiers peuvent connaître, à ce qu'ils peuvent voir ou prévoir, c'est-à-dire aux formes objectives ou abstraites, de plus en plus le point de vue subjectif est laissé de côté, les recherches d'intention, toujours si compliquées, sont écartées, et l'on s'en tient aux manifestations extérieures de la vie courante. Nous voyons reparaître par exemple l'idée de promesses purement abstraites, détachées de leur cause juridique ; et c'est lorsqu'il s'agit d'effets de commerce, sur le terrain du droit commercial par conséquent, que ce phénomène tend d'abord à se généraliser. En ce qui concerne les transactions immobilières on veut faire dépendre la légitimité du transfert d'une pure formalité extérieure, la transcription. En matière de possession, von Ihering a combattu avec une extraordinaire vigueur toute idée de recherche subjective en ce qui touche le possesseur : il n'y aurait plus à tenir compte de l'intention de celui qui possède.

Aujourd'hui enfin sur le terrain de la responsabilité civile, l'idée de faute, sous sa conception traditionnelle, en tant que recherche d'intention, en tant qu'analyse de la volonté, est vivement, et de plus en plus, attaquée.

4. — Le principe romain de la responsabilité civile fondée sur la faute, c'est-à-dire sur un fait de volonté, repose sur une confusion qu'il faut enfin dénoncer. C'est toujours la vieille idée de condamnation et de peine privée qui subsiste : on ne peut déclarer responsable, et par suite condamner un individu, que s'il est en faute. Rien de plus juste dans la théorie romaine qui aboutissait en effet à de véritables peines privées ; et les dommages-intérêts, si leur caractère s'était peu à peu atténué par la suite, n'avaient au fond pas d'autre origine. C'est cette conception initiale qui est encore restée dominante.

On oublie qu'il ne s'agit plus de condamner à une peine, mais de faire supporter un risque. Un accident se produit : sans doute, si celui qui en est l'auteur l'a voulu ou que sa négligence grossière en soit la cause, qu'on lui impute toutes les suites de sa faute, rien de plus juste : c'est le principe de la réparation intégrale, fondée sur la faute. L'ancienne conception romaine se retrouve ici. Mais neuf fois sur dix les choses sont loin d'être aussi nettes. L'accident a été le fait du hasard ; sans doute en cherchant bien on reconnaît qu'il aurait pu être évité. En réalité, pour faire avant le calcul qui a été fait après, pour être en mesure de s'arrêter aux prévisions possibles que ce calcul eût fait entrevoir, il faudrait, à une époque où l'activité est la règle, passer sa vie à prévoir, hésiter et ne rien oser. La vie moderne, plus que jamais, est une question de risques. Donc, on agit. Un accident se produit, il faut forcément que quelqu'un en supporte les suites. Il faut que ce soit ou l'auteur du fait ou sa victime. La question n'est pas d'infliger une peine, mais de savoir qui doit supporter le dommage, de celui qui l'a causé ou de celui qui l'a subi. Le point de vue pénal est hors de cause, le point de vue social est seul en jeu. Ce n'est plus à proprement parler une question de responsabilité, mais une question de risques : qui doit les supporter ? Forcément, en raison et en justice, il faut que ce soit celui qui en agissant a pris à sa charge les conséquences de son fait et de son activité.

Toute la question est de savoir si l'auteur du fait n'a pas été lui-même l'instrument aveugle et purement mécanique d'une force brutale : ce serait alors un pur cas fortuit. Celui qui l'a subi et qui en a transmis le contre-coup n'est pour rien dans l'affaire. Mais, si le fait dérive de sa personnalité propre, s'il est son œuvre, comme dit l'article 1382, et il ne dit pas autre chose, et pour reprendre une expression de M. Tarde [3], si l'acte est devenu comme un fait d'appropriation personnelle, il y a responsabilité civile. Ce qui veut dire que le risque est pour celui qui s'est approprié le fait : rapport de causalité directe ou d'appropriation personnelle substitué à l'idée de faute subjective, et sous la seule réserve que le fait n'eût pas constitué pour son auteur l'exercice même d'un droit positif. Telle est la conception qui tend à se faire jour.

5. — Idée nouvelle et cependant très ancienne : car c'était la vieille conception coutumière et germanique [4]. De-

3. Voir la question très nettement esquissée par M. Tarde dans une brillante improvisation à l'une des séances de la Société générale des Prisons (*Revue pénitentiaire, bulletin de la Société générale des prisons*, ann. 1896, p. 1243).

4. Cf. Stobbe, *Handbuch des deutschen Privatrechts*, t. III, p. 275, § 200.

puis la systématisation un peu artificielle qu'on a faite du droit romain vers l'époque des Post-Glossateurs, on lui a substitué sans doute l'idée de faute ; mais voici qu'à cette conception devenue classique on apporte chaque jour, ou l'on propose tout au moins, des atteintes nouvelles. Cela a commencé par le cas traditionnel de la responsabilité des aubergistes, auxquels on a assimilé certains voituriers [5]. En matière de responsabilité pour autrui la question de la faute personnelle a donné lieu à des débats mémorables aux différents congrès annuels des juristes allemands [6]. Enfin, à l'étranger, pour ce qui est de la responsabilité des accidents, on a fait des lois spéciales, au moins pour certains cas particuliers, les accidents de chemin de fer par exemple, ou même ceux de la grande industrie, qui posent le principe du risque à la charge des compagnies, c'est-à-dire le principe de l'obligation légale, en dehors de toute idée de faute ou de délit civil [7]. Le risque professionnel n'est qu'une application particulière de cette théorie générale : c'est la rançon du machinisme et de l'industrie moderne ; c'est la part inévitable d'inconnu qu'il faut subir lorsqu'on se livre à ces terribles engrenages devant lesquels l'initiative de l'ouvrier disparaît presque, si même celui qui les manie peut être autre chose qu'un instrument presque passif au milieu d'autres moteurs purement mécaniques. Parler de faute en présence de cet inconnu redoutable, c'est vouloir prétendre régler et connaître à un degré près les forces de la nature dans ce qu'elles ont de plus foudroyant et de plus terrible. C'est une idée insoutenable et qui ne résiste pas aux faits. Il s'agit d'un risque à courir : le fera-t-on supporter à celui qui ne retire de son travail que son salaire strictement et conventionnellement mesuré ou à celui qui a pour lui, avec les mauvaises chances, toutes les espérances de réussite et tous les bénéfices possibles? Forcément c'est pour lui la part de ses profits et per-

5. Cf. Dernburg, *Pandekten*, t. II (édit. 1897), p. 107, § 39 et bibliographie, p. 108, note 1. Cf. Aubry et Rau, t. 4, p. 628, § 406.

6. Voir surtout les rapports présentés au XVIIe Congrès des Juristes allemands, *Verhandlungen des XVII[en] deutschen Juristentages*, I, p. 46 e 125, et principalement le rapport de M. le professeur R. Leonhard, *loc. cit.*, I (*zweite Abtheilung*), p. 337 et suiv. ; et pour la discussion, t. II, p. 80 et suiv.

7. Cf. Dernburg, *loc. cit.*, et mon *Essai d'une théorie générale de l'Obligation d'après le projet de Code civil allemand*, p. 339, n° 303.

tes : voilà qui ne peut faire doute pour personne [8]. Mais ce risque professionnel, il gagne du terrain, il s'étend à de bien autres matières. Le risque qui s'attache aux condamnations judiciaires, au cas d'erreur, est-il donc d'autre nature ? Va-t-on forcément supposer que des magistrats sont en faute lorsqu'ils condamnent un innocent ? Ce serait rendre leur mission impossible : il y a les risques inévitables de l'erreur humaine; c'est un risque professionnel, c'est la seule théorie qui puisse expliquer toute loi imposant à l'État la réparation des erreurs judiciaires [9].

Voilà donc bien des brèches partielles, déjà acceptées ou proposées, au principe de la faute personnelle [10]. Dans la préparation du Code civil allemand, et à nouveau devant la seconde commission [11], on avait demandé le rejet définitif du principe subjectif, théorie purement romaniste : c'était par la matérialité du fait, par son caractère objectif de fait

8. Voir sur ce point les observations si remarquables présentées par M. LARNAUDE à l'une des séances de la Société générale des Prisons (*Revue pénitentiaire*, 1896, p. 15) : et je n'ai qu'à renvoyer à tous les auteurs qui ont traité du risque professionnel, à commencer par M. CHEYSSON qui en a donné dès 1888 une définition devenue classique, *Journal des Economistes* du 15 mars 1888. V. les brochures de M. P. NOURRISSON, *L'ouvrier et les accidents*, 1887 ; *La responsabilité des accidents du travail*, 1889 ; *Le risque professionnel*, 1891 ; HUBERT-VALLEROUX, *Le contrat de travail* (1895), p. 295 et suiv. ; CORNIL, *Du louage de services ou contrat de travail* (1895), p. 236 et suiv. ; STOCQUART, *Le contrat de travail* (1895), p. 111 et suiv. ; LEGRAND, *Le contrat de louage de services et la question des accidents du travail* (1895), p. 88 et suiv. ; TARBOURIECH, *loc. cit.*, passim.

9. Cf. rapport de M. LE POITTEVIN sur les *Indemnités en cas d'erreurs judiciaires*, présenté à la Société générale des Prisons (*Rev. pénitentiaire*, 1895, p. 1248). Cf. HAURIOU, Les actions en indemnité contre l'État (dans *Revue du droit public*, 1896, II, p. 51 et suiv.).

10. Voir sur tout ce mouvement les études si intéressantes de UNGER, *Handeln auf eigene Gefahr* (Fischer, 1893) et *Handeln auf fremde Gefahr* (Fischer, 1894) ; et l'important compte-rendu qui en a été fait par M. le professeur KRASNOPOLSKI, dans la revue de Grünhut (*Zeitschrift für das Privat = und öffentliche Recht der Gegenwart*, 1895, p. 708).

11. V. sur ce point REATZ, *Die zweite Lesung des Entwurfs eines bürgerlichen Gesetzbuchs für das Deutsche Reich*, t. I (1893), p. 379, note 1 ; et *Die Litteratur über den Entwurf* (1895), p. 30-31. Quant aux critiques faites à la théorie purement romaniste du Code civil allemand on les trouvera surtout très vivement présentées par LISZT, *Die Grenzgebiete zwischen Privatrecht und Strafrecht*, p. 25 et suiv., et principalement par GIERKE, *Der Entwurf eines bürgerlichen Gesetzbuchs und das deutsche Recht* (1889), p. 259 et suiv. Dans le sens d'une théorie purement objective, fondée uniquement sur l'idée de risques, voir MATAJA, *Das Recht des Schadenersatzes vom Standpunkte der Nationalœkonomie* (Leipzig, 1888) et STEINBACH, *Die Grundsätze des heutigen Rechts über den Ersatz vom Vermögensschaden.*

irrégulier en soi, ou plutôt susceptible d'entraîner des risques, sortant de la sphère de la sécurité normale pour entrer dans le domaine de l'activité qui accepte une large part de hasard et avec elle tous les risques qu'elle comporte, c'est par là que devait se définir la responsabilité civile, indépendamment de toute recherche subjective personnelle. La commission du second projet n'a pas osé rompre en visière avec toutes les traditions romaines. Mais ce que la commission allemande n'a pas osé faire, notre jurisprudence est en voie de l'accepter, de l'imposer presque, en matière d'accidents de travail tout au moins. C'est le point qu'il importe de mettre en relief; et l'on voit par cette théorie d'ensemble toute la portée que peut prendre, en s'encadrant dans ce courant d'évolution, l'arrêt [12] dont je voudrais examiner maintenant et les conséquences pratiques et la portée doctrinale.

II

6. — La conception traditionnelle et classique de la responsabilité en matière d'accidents de travail trouve sa base dans l'article 1382 et dans l'idée de quasi-délit. La responsabilité du patron dérive d'une faute délictuelle; donc l'ouvrier doit en faire la preuve. Pendant très longtemps cette théorie s'appliqua sous sa forme classique; le fait extérieur n'était que la manifestation d'une faute, c'était la faute qui fondait la responsabilité parce que c'est elle qui avait été la cause initiale de l'accident, donc c'est cette source originaire, ce point de départ psychologique, qu'il fallait établir. En d'autres termes l'ouvrier devait prouver qu'il y avait un rapport de causalité directe entre le fait survenu et une imprudence commise, donc que sans cette imprudence l'accident n'aurait pas eu lieu. Le patron apparaissait alors dans sa volonté, dans son libre arbitre, car au fond c'est cela qu'inconsciemment on avait en vue, comme l'auteur même de l'accident ; et

12. Les observations qui vont suivre ne sont que le développement d'un système que j'avais déjà esquissé très légèrement dans un compte rendu de la Revue bourguignonne à propos d'une thèse sur la matière (*Revue bourguignonne de l'Enseignement supérieur*, 1894, p. 659 et suiv.) : ici, je l'envisagerai surtout au point de vue doctrinal, me réservant d'insister plus particulièrement ailleurs sur l'évolution de la jurisprudence (V. Dalloz, 1897, sur Cass., 16 juin 1896).

c'est encore à cette question de liberté métaphysique que tout revenait en définitive, sans que l'on s'en rendît toujours bien compte. Ce rapport de causalité directe entre le fait et l'imprudence commise, neuf fois sur dix, constituait une preuve impossible : indiquer ce que le patron aurait dû faire pour prévenir l'accident et prouver que par avance il aurait pu et dû se douter des moyens préventifs à prendre et qu'on n'a découverts qu'après coup, concilier cela surtout avec les besoins de l'industrie moderne, la complexité qu'elle comporte et la part de hasard de plus en plus grande qu'elle entraîne, voilà qui était doublement anormal ; injuste à l'égard des ouvriers à qui l'on imposait une preuve impossible et qui, faute de pouvoir la faire, en étaient réduits aux secours bénévoles que le patron était disposé à leur octroyer ; et injuste aussi à l'égard des patrons par cette appréhension de la faute la plus légère que l'on faisait planer sur l'ensemble de leur activité industrielle et qui, sans les difficultés de preuve, eût été de nature à paralyser toute leur initiative.

On s'aperçut, peu à peu, et au point de vue surtout de l'ouvrier, de l'injustice criante du résultat : en fait c'était l'irresponsabilité à peu près universelle. Un mouvement nouveau se dessine donc dans la jurisprudence. L'idée de faute ne disparaît pas, tout au contraire : mais ce n'est plus la faute personnelle, afférente à l'accident, que l'on va rechercher et que l'on veut faire apparaître comme l'anneau initial de cette série de chaînons successifs dont l'accident se trouve être comme l'aboutissement final : tout cela c'est un problème insoluble, une recherche inutile. La jurisprudence s'en tiendra à une faute extérieure impliquée dans la matérialité du fait, une faute qui va devenir objective comme s'il s'agissait d'un délit pénal. En d'autres termes, la jurisprudence va s'attacher aux caractères extérieurs du fait pour en déduire la responsabilité du patron, sans rechercher si au fond et en réalité il a réellement commis une imprudence, s'il aurait pu connaître la cause d'où est provenu l'accident et l'empêcher de se produire, sans rechercher surtout si le fait extérieur reproché au patron se rattache par un lien quelconque à l'accident survenu et si, à supposer prises les précautions qu'on lui reproche d'avoir omises, ce dernier eut été évité. Cette transformation de l'idée de faute, d'une faute qui s'objective en quelque sorte, qui s'incarne dans un fait extérieur sans rapport direct et immédiat avec l'accident survenu, est extrêmement curieuse et très visible dès 1871[13].

7. — Les arrêts, pour prononcer la responsabilité, se fondent sur tels règlements de fabrique qui n'ont pas existé, telle précaution générale qui n'a pas été prise : on en arrive à imposer aux patrons, par voie de sanction indirecte, des règlements d'atelier et tout un ensemble de prescriptions générales que l'on considère comme devant entrer aujourd'hui dans les usages de l'industrie ; et si ces précautions n'ont pas été prises, sans même rechercher si c'est à leur absence qu'a été dû l'accident, sans se demander si le patron aurait pu le prévoir ou l'éviter, la jurisprudence condamne[14]. On a parlé d'une présomption de faute qu'elle aurait introduite[15] ; ce n'est pas ainsi qu'elle s'exprime, puisqu'elle parle d'une faute réalisée et prouvée, tel règlement omis, telle précaution qui faisait défaut. Seulement ce n'est plus forcément la faute directe à laquelle se rattache l'accident ; c'est l'aménagement général de l'industrie, c'est la tenue de l'usine qu'elle incrimine ; et, parce que le patron, d'une façon générale, ne s'est pas conformé aux usages reçus, comme sanction, elle lui impose tous les risques. Donc il s'agit d'un risque mis à la charge du patron comme conséquence d'une faute purement extérieure et tout objective, d'une infraction aux usages de l'industrie moderne, ou plutôt aux usages que la jurisprudence veut imposer à l'industrie moderne. Nous sommes bien loin, on le voit, de l'interprétation classique de l'article 1382. Tout en restant sur le terrain de l'article 1382, il ne s'agit plus de faute personnelle et subjective, de faute génératrice et cause directe du fait ; ce dont on exige la preuve, c'est d'une faute toute objective, consistant dans les circonstances extérieures et matérielles du fait.

Dans la théorie courante et ancienne, on disait : « Pour

13. On trouvera les principaux arrêts dans les exposés de jurisprudence auxquels j'ai renvoyés *suprà*, note 2 : add. Cass., 5 avril 1894 (Dal. 94.1.470). En tout cas comme point de départ voir un arrêt important de la Cour de Cassation du 19 juillet 1870 qui résume bien toute l'ancienne doctrine (Sir., 71.1.9). Cf. Stocquart, *loc. cit.*, p. 121 et ma note dans Dalloz 1897 sur Cass., 16 juin 1896.

14. Voir surtout les exemples cités par M. Mongin et M. Pic (*loc. cit., suprà*, note 2).

15. Cf. M. Esmein, *loc. cit.* Ces incertitudes de la jurisprudence ont été merveilleusement mises en relief dans une note célèbre de M. Labbé, dans Sir., 85.4.25.

qu'il y ait responsabilité civile, il suffit du fait matériel d'un dommage se rattachant comme cause directe à une faute personnelle, c'est-à-dire au fait de la part de l'agent d'avoir été en mesure de le prévoir et de ne l'avoir pas prévu ». Dans la conception nouvelle, on dira : « Il suffit d'un dommage se rattachant par un lien quelconque à un fait extérieur qui, dans sa matérialité, est un fait fautif, c'est-à-dire un fait qui, au point de vue des usages reçus, implique acceptation des risques et indépendamment de toute autre faute personnelle relative à l'accident survenu, sans qu'il y ait à rechercher s'il pouvait être ou non prévu et s'il était humainement possible ou non de l'empêcher ». La volonté de causer un dommage, ou la faute volontaire qui consiste à ne l'avoir pas évité, lorsqu'elles seront démontrées, seront une cause de responsabilité civile, comme par le passé. Mais on va plus loin : la réalisation à elle seule d'un fait personnel impliquant des risques à courir devient en soi, et indépendamment de toute faute directe relative à l'accident survenu, une cause de responsabilité civile : c'est ce que j'ai appelé quelque part l'irrégularité du fait indépendamment de la faute personnelle, il est plus exact de dire le caractère hasardeux du fait indépendamment de la faute personnelle [16] : il s'agit d'un fait qui comporte des risques, on l'a voulu ainsi ; donc qu'on en supporte les risques. Alors même qu'il serait démontré que l'accident ne pouvait être ni prévu, ni empêché, du moment qu'il se rattache au fait initial dont on a dû accepter les conséquences, c'est à l'auteur de ce fait d'en subir les risques.

Telle est la théorie qui se dégage de la jurisprudence sur l'article 1382 en matière d'accidents de travail. L'intérêt pratique le plus visible qui en dérive, c'est que la preuve pour l'ouvrier était étrangement facilitée. Il lui suffisait de prouver un fait fautif et non une faute, un fait qui dans sa matérialité fût contraire aux usages que la jurisprudence considérait comme devant s'imposer à l'industrie moderne, sans avoir à établir ni la faute directe, ni le rapport de causalité entre l'accident survenu et une faute subjective quelconque.

Cette évolution a été constatée par tout le monde. Beaucoup ont accusé la hardiesse de cette jurisprudence [17], d'autres au

16. Voir *Obligation d'après le Projet de Code civil allemand*, n° 310, p. 348-349.

17. Cf. surtout Hubert-Valleroux, *loc. cit.*, pp. 258-267.

contraire ont applaudi à ses résultats [18]. Mais c'était surtout la conception juridique nouvelle qu'il importait d'en dégager ; et cette conception c'est l'idée de risques se substituant peu à peu à l'idée de faute. Qu'est-ce en effet que cette faute tout extérieure dont on se contente comme d'un dernier hommage rendu aux idées traditionnelles, s'il n'est pas démontré que cette faute ait un rapport direct avec l'accident, s'il n'est pas certain qu'elle en ait été la cause véritable ? Qu'est-ce donc sinon la révélation, ou peut-être l'excuse, d'une idée nouvelle, à savoir que là où s'exerce une activité personnelle qui entre en contact avec les autres, qui les emploie à son service, et les engrène dans sa sphère d'action, cette activité s'est par le fait même approprié toutes les conséquences de son initiative, tous les risques qui peuvent en découler pour ceux qui la servent, ou auxquels elle touche, et qui se trouvent exposés aux contre-coups qu'elle produit dans le monde des faits extérieurs?

On comprend qu'une fois lancée dans cette voie, la jurisprudence devait en arriver à supprimer ce dernier vestige de l'idée de faute, pour aboutir à la conception pure et simple de l'obligation légale, obligation imposée par la loi sur le fait du rapport de causalité industrielle, en raison seulement de la loi de justice sociale sur la répartition des risques. C'est à cela qu'on devait en venir, et c'est ce qu'a fait la jurisprudence. Mais avant d'en exposer le système, il importe de dire quelques mots d'une autre théorie qui est celle que l'on oppose ordinairement à la thèse de la faute délictuelle, la théorie de la faute contractuelle; et cela importe surtout pour bien marquer pourquoi la jurisprudence française, en dépit de quelques tentatives isolées, ne l'a pas acceptée et ne pouvait guère l'accepter.

III

8. — La thèse contractuelle, si brillamment exposée par M. Sauzet [19] et M. Sainctelette [20], plus ou moins complète-

18. Cf. P. Pic, *loc. cit.*
19. SAUZET, De la responsabilité du patron vis-à-vis des ouvriers dans les accidents de travail (*Revue critique*, 1883, p. 596 et 608).
20. SAINCTELETTE, De la responsabilité et de la garantie (Bruxelles et Paris, 1884) ; Accidents du travail, responsabilité et garantie (dans *Revue de Droit*

ment acceptée par des maîtres, pour ne parler que de la France, tels que MM. Labbé, Lyon-Caen, Glasson, Esmein, Planiol, Huc et bien d'autres [21], est aujourd'hui trop connue pour qu'il soit nécessaire de l'exposer dans son ensemble. Il suffit au point de vue juridique de rappeler l'idée maîtresse qui seule serait de nature à l'imposer, si cette idée dût constituer elle-même un dogme irréfutable. Cette idée est la part surtout qui revient à M. Labbé dans la construction du système ; elle consiste à dire que lorsqu'on est lié par un contrat passé avec quelqu'un toutes les obligations dont on est tenu vis-à-vis de lui, en ce qui touche tout au moins les conséquences qui peuvent dériver pour lui de l'exécution du contrat, ne peuvent se rattacher qu'à l'ensemble de la convention conclue avec lui ou aux clauses accessoires et tacites qui la complètent. Ce qui voudrait dire que toutes les obligations dont on pourrait être tenu en vertu de toute autre cause, de par la loi par exemple, on les confirme par la convention, on les fait rentrer dans le contrat, on en fait des promesses contractuelles, étendues, complétées, plus étroitement sanctionnées, entourées d'une garantie nouvelle, celle d'une promesse personnelle. La faute délictuelle s'absorberait et disparaîtrait dans la faute contractuelle [22]; si donc à l'encontre de l'une des parties contractantes, et pour ce qui est des conséquences dommageables provenant de faits qui aient trait à l'exécution du contrat, on ne peut plus invoquer de responsabilité délictuelle, il fallait bien de toute nécessité faire de la question de risques une clause tacite du contrat, puisque l'article 1382 était mis hors de cause ; l'idée d'une clause tacite relative à la promesse de sécurité s'imposait en effet.

belge, 1888, p. 401) ; Les accidents du travail, La jurisprudence qui s'éloigne et la jurisprudence qui s'approche (1888) ; Pourvoi de Mme Vve Desitter (*Mémoire*, Bruxelles, 1888) ; Bibliographie de la question de la responsabilité et de la garantie (*Belgique judiciaire*, 28 mars 1889).

21. On consultera de M. Labbé les notes suivantes dans Sirey, 71.1.9 ; 85.4.25 ; 86.2.97 ; 86.4.25 ; 89.4.1 ; 94.2.57, ainsi que les études suivantes : La Responsabilité délictuelle et contractuelle (*Revue critique*, 1886, p. 443 et 1887, p. 449) ; De la Responsabilité contractuelle (*France judiciaire*, 1887, I, p. 32-43). — Lyon-Caen, notes dans Sirey, 85.1.129 et 87.1.209. — Glasson, *Le Code civil et la question ouvrière*. — Esmein, la note citée dans Sirey, 97.1.17. — Planiol, *Revue critique*, 1888, p, 279. — Huc, *Commentaire théorique et pratique du Code civil*, t. VIII, nº 436, p. 571. Add. Note dans Dall. sur Cass. Belge, 8 janv. 1886 (D. 86.2.153).

22. V. toutes les notes précitées de M. Labbé ; cf. Planiol, *loc. cit.*

Mais en quoi, je le demande, l'idée de contrat est-elle exclusive du maintien parallèle des obligations de droit commun? un individu s'engage envers un autre, c'est-à-dire contracte vis-à-vis de lui des obligations nouvelles, pourquoi ne pourrait-il le faire en réservant l'application pure et simple du droit commun en ce qui touche les obligations dont il pourrait être tenu vis-à-vis de lui en vertu de toute autre cause et du chef de la loi par exemple? Est-ce un principe d'ordre public qu'il doive faire de ces obligations légales des obligations contractuelles qu'il fasse rentrer dans la convention dont il a eu soin cependant de bien préciser et délimiter les termes? Le seul principe d'ordre public est que les obligations dérivant de la loi restent ce que la loi les a faites et qu'on ne les atténue pas; quant à obliger les gens qui contractent ensemble à consacrer ces obligations étrangères à leur convention, à les étendre et à les entourer de garanties nouvelles, cela dépend de leur volonté collective et de l'interprétation qu'on peut en faire; il n'y a pas de principe d'ordre public qui les oblige à mettre dans leur convention ce que la loi s'est chargée de leur imposer en dehors d'eux et qui subsiste en dehors même et à côté de toutes leurs conventions.

Dira-t-on par exemple, parce qu'on aura prévu les accidents possibles et la responsabilité qui en découlerait, que la faute dont on aurait à répondre du chef de ces accidents serait désormais mesurée au degré de la faute contractuelle pour laquelle l'appréciation peut être autrement large, et autrement légère en tout cas que celle admise en ce qui touche l'article 1382? Cela deviendrait une clause partielle de non-responsabilité[23]; ce qui ne serait admissible que dans la mesure où l'on peut accepter que l'on puisse se décharger de sa responsabilité pour faute délictuelle; et en général, sauf quelques dissidences[24], sur ce point la négative paraît bien s'imposer. Voilà donc bien la preuve que la responsabilité pour délit civil subsiste à côté et indépendamment de la responsabilité qui pour le même fait dériverait d'une clause, fût-elle même expresse, du contrat.

Un propriétaire est soumis vis-à-vis de ses voisins à certaines obligations légales; qu'il contracte envers l'un d'eux

23. Cf. Fromageot, *loc. cit.*, p. 98, note 2.

24. Renker, De la non-responsabilité conventionnelle (Thèse, Dijon, 1894, p. 281).

certaines obligations spéciales, qui même, je le suppose, n'aient pas le caractère d'une servitude proprement dite, mais gardant le caractère d'obligations contractuelles, de droits personnels ; dira-t-on que toutes les obligations légales dont il est tenu en tant que propriétaire et du fait de sa propriété vont être transformées à l'égard de son voisin en obligations contractuelles, étendues, garanties, et aggravées de toutes les clauses tacites dont on croira devoir les enrichir par voie d'interprétation et sous prétexte que la bonne foi est la loi des contrats ? Qu'il en soit ainsi, si véritablement les parties l'ont voulu ; mais le leur imposer de plein droit en vertu de l'idée de contrat uniquement, c'est ce que véritablement on ne saurait concéder[25].

Donc le contrat reste ce que les parties l'ont fait, il ne renferme que les obligations qu'elles y ont enfermées, et à côté de la convention reste le droit commun et tous les rapports de droit établis par la loi et sous les conditions d'application admises par la loi. Pour savoir si le contrat de travail renferme une clause tacite de garantie au cas d'accident en dehors de l'obligation générale fondée sur l'article 1382, c'est donc à la convention qu'il faut s'en remettre et aux conditions extérieures qui peuvent servir à en éclairer l'interprétation.

9. — Je constate seulement, puisqu'il s'agit d'une clause tacite du contrat, que tout dépend ici de la volonté présumée des parties : de là deux causes d'incertitude possibles. La première qui est de savoir quand on devra présumer cette clause de garantie, et cela dépendra du genre d'industrie, de l'initiative laissée à l'ouvrier, du caractère plus ou moins mécanique du travail, tous points très nettement mis en lumière dans une note de M. Chavegrin[26]; et la seconde sera de savoir quels seront pour chaque cas particulier l'étendue et le contenu de cette obligation supplémentaire. Quel sera l'objet de cette promesse ? Généralement, un débiteur ne promet que son fait, il peut aussi prendre à sa charge certains risques, cela devient comme une clause d'assurance. Ici tous les degrés sont possibles et toutes les interprétations permises. Les partisans de la faute contractuelle ont d'ailleurs lar-

25. Voir sur tous ces points d'ingénieux aperçus dans M. Michoud, note dans Sirey, 92.2.207.

26. Chavegrin, note dans Sirey 96.2.228 (col. 2 *in fine*).

gement usé de cette liberté ; et on peut distinguer comme trois groupes principaux des diverses interprétations proposées de cette clause tacite du contrat de travail : ce sont comme trois degrés d'étendue donnés à cette obligation de garantie.

10. — Sous sa forme la plus large et la plus pleine, c'est le plus haut degré, il s'agirait d'une promesse de sécurité, clause d'assurance contre tous les risques et accidents, en exceptant bien entendu ceux provenant de la faute de la victime, et peut-être aussi les purs cas fortuits : ici donc l'ouvrier n'a qu'une preuve à faire, à savoir que l'accident est survenu au cours de son travail [27].

Mais aujourd'hui, la plupart de ceux qui admettent la thèse contractuelle ne vont plus aussi loin [28] ; il paraît difficile de croire que le patron, à moins d'obligation légale qui s'impose à lui, ait entendu prendre sur lui, de droit commun et sans autre preuve, tous les risques de l'industrie. Que la loi l'exige ainsi, comme application des règles de justice sur la répartition des risques, fort bien ; mais, si la loi n'exige rien, croire que celui qui est maître du contrat, et c'est le patron, se sera imposé ce surcroît énorme de charges et d'obligations, c'est inadmissible. Tout ce qui est vraisemblable c'est que, contractant avec un ouvrier qu'il expose à des risques nombreux, le patron lui ait promis une surveillance plus minutieuse et plus étroite : mais ceci, c'est promettre son fait ; et, de ce qu'un accident s'est produit, il ne s'en suit pas que le patron ait manqué à la surveillance promise. C'est cette preuve qu'il resterait à faire et nous n'aboutissons plus à l'entière interversion de preuve qui était cependant l'objectif visé [29]. L'ouvrier a donc à peu près la même preuve à faire que dans la conception nouvelle adoptée par la jurisprudence sur l'article 1382 ; avec cette différence que l'obligation de surveillance qui dérive du contrat est susceptible de plus ou de moins et de bien des degrés, et que la faute qui s'y réfère,

27. C'était la thèse de MM. Sauzet et Sainctelette, cf. *op. cit.*

28. Cf. les diverses notes de MM. Labbé ; et cf. Glasson, *loc. cit.* V. également Renker, *loc. cit.*, n° 217 et suiv. et surtout Chironi, *La Colpa nel diritto civile odierno*, *Colpa contrattuale* (Ed. 1897, n° 53 *bis*), p. 127, 128 et suiv., qui a traité la question dans tous ses détails et d'une façon vraiment magistrale. Voir aussi, en attendant la nouvelle, sa première édition de la *Colpa extra-contrattuale*, vol. I (éd. 1887) p. 141 et suiv., n°s 79 et suiv.

29. V. surtout Glasson et Planiol, *op. cit.* et cf. *Revue bourguignonne de l'Enseignement supérieur*, 1894, p. 657-659.

même entendue au sens objectif, peut être conçue sur un type plus ou moins rigoureux, bien moins rigoureux en tout cas que celui sur lequel se mesurera et s'appréciera le fait délictuel de l'article 1382, même entendu, lui aussi, au sens objectif de la jurisprudence ; ce qui veut dire que les précautions à prendre en vertu de cette clause tacite de surveillance pourront être bien moins étendues que celles imposées aujourd'hui par la jurisprudence sur le terrain de la faute délictuelle ; avec ces deux autres différences enfin que cette garantie contractuelle ne protégerait que les ouvriers et non les tiers, et que même pour les ouvriers, elle pourrait toujours être écartée par une clause de non-garantie, laquelle pourra très facilement devenir de style.

11. — Reste donc la troisième interprétation possible ; c'est la solution très ingénieuse que proposait M. Esmein [30]. Promettre la sécurité c'est beaucoup trop ; promettre son fait, c'est bien vague, et peut-être pas assez ; ce qui est plus véritablement juridique c'est de considérer le patron comme un locataire d'ouvrage qui loue le service de ses ouvriers et qui, de son côté, s'engage à les garantir de tous les risques provenant des machines avec lesquelles il les met en contact, à supposer par conséquent que l'accident provienne d'un vice de la machine ou de l'outillage. C'est la garantie des vices, même cachés ; n'est-ce pas le droit commun dans tous les contrats dans lesquels il s'agit de livrer ou de confier une chose à quelqu'un, vente ou louage de chose ? De sorte que ce n'est pas une garantie absolue de sécurité obligeant à responsabilité sans autre preuve, mais une garantie pour vices cachés ; et alors il faudra prouver le vice de la chose et le rapport de causalité qui puisse lui rattacher l'accident survenu. C'est donc encore une clause de garantie, donc indépendante de toute idée de faute et entraînant responsabilité dès que le vice est prouvé, indépendamment de toute question de surveillance et alors même que toutes les précautions, fût-ce les plus minutieuses, eussent été prises.

On voit ainsi le point intermédiaire de cette nouvelle et très ingénieuse interprétation. Mais est-ce donc bien vraiment une facilité de plus ? J'imagine que le plus souvent il sera plus facile de prouver un défaut de précaution, au sens

[30]. Esmein, dans la note précitée.

très général et très large qui est celui de l'interprétation de la jurisprudence sur l'article 1382 ou celui de l'obligation dérivant de la faute contractuelle lorsqu'elle se réfère uniquement à un devoir de surveillance plus étroite et par suite à une obligation de faire plutôt qu'à une clause de garantie proprement dite, que d'établir non seulement l'existence d'un vice caché, mais le rapport de causalité qui permettra d'attribuer l'accident au vice découvert après coup. Exiger que l'on puisse établir et prouver tout cela après l'accident survenu, n'est-ce pas à nouveau tout remettre en question, tout livrer au hasard et faire de l'obtention pour l'ouvrier de l'indemnité à laquelle il a droit la chose du monde la plus douteuse et la plus précaire ?

Et d'ailleurs cette garantie des vices fondée sur l'article 1721, et qui est de droit commun lorsque l'objet du louage est la jouissance d'une chose, dont il faut bien avant tout promettre la complète innocuité, peut-elle donc s'imposer par voie d'analogie lorsque la chose louée n'est pas la machine qui a causé l'accident, mais le travail de l'ouvrier, travail qui n'est possible qu'à la condition d'entrer en contact avec un outillage mécanique, de telle sorte que lui aussi doit avoir ses risques, et que, ces risques impliqués dans le travail manuel lui-même, ce sont précisément ceux dérivant des outils qui lui sont nécessaires et dont il supporte forcément les conséquences, que ces outils appartiennent à l'ouvrier qui s'en sert ou qu'on les lui confie[31] ? c'est du moins ce que répondent les adversaires du risque professionnel.

Si l'on part du point de vue opposé, si l'on croit que les risques doivent être pour celui qui a la direction d'ensemble de l'outillage et non pour l'ouvrier qui s'en sert, et si l'on croit par suite que le louage d'ouvrage étant un contrat de bonne foi le patron a dû garantir à l'ouvrier qu'il emploie cette pleine sécurité, pourquoi la restreindre aux vices de

31. D'ailleurs il ne me paraît pas exact de dire que toutes les fois que le propriétaire, en vertu d'un contrat, met sa chose entre les mains d'un autre, il lui doit garantie pour vices cachés, même s'il en ignorait l'existence. Le Code civil nous présente sur ce point deux types de théories opposées, en matière de commodat (art. 1891) et en matière de dépôt (art. 1947). Cela suffit à nous montrer que la nature de l'obligation contractuelle, en matière de conventions portant sur la détention et la garde d'une chose, dépend de la nature du contrat et des clauses tacites qu'il comporte. Il n'y a donc plus aucune nécessité d'interprétation d'appliquer au louage de services l'art. 1721 écrit en vue du louage de choses (Cf. CHIRONI, *Colpa extra-contrattuale*, I, n° 82).

l'outillage que le chef d'industrie le plus souvent aura été lui-même incapable de prévoir et de découvrir ?

Nous revenons ainsi à la promesse de sécurité ; ou, si on ne l'admet pas sous cette forme intégrale, tout ce qu'exige la bonne foi en matière de louage d'ouvrage, puisqu'on ne promet pas la jouissance d'une chose, c'est l'obligation corrélative du patron de ne pas faire travailler l'ouvrier dans des conditions qui puissent constituer un danger pour lui : mais cela alors, c'est une obligation de faire, ce n'est plus forcément une clause de garantie pour vices cachés. Mettre à la charge du chef d'industrie les risques provenant des vices cachés de l'outillage, ce n'est plus forcément une clause naturelle et normale du louage d'ouvrage. Pour faire admettre, ou pour imposer cette obligation complémentaire, il faut la rattacher à la qualité de propriétaire et la considérer comme l'un des risques de la propriété, ou, ce qui est plus rationnel encore, la considérer comme une obligation légale, une obligation de justice provenant des conditions mêmes de la grande industrie, et qui dérive pour le patron, non pas absolument de sa qualité de propriétaire de l'outil, mais de sa qualité de chef d'industrie, ce qui est loin d'être la même chose.

Transporter la garantie des vices du louage de choses, là où il s'agit de jouissance promise et garantie, au louage d'ouvrage où l'on ne garantit à personne la jouissance d'une chose dont le locataire ait à se servir pour son compte et dans son intérêt, c'est faire apparaître, à côté et en dehors de l'idée d'obligation, l'idée de propriété, l'idée de garde et de surveillance ; et dès lors si cette idée prédomine et devient le seul fondement rationnel de la garantie des risques, qu'est-ce que le contrat peut ajouter aux charges qui en dérivent ? En quoi les obligations pesant sur la propriété ou dérivant de la garde des choses se restreignent-elles, au point de vue de ceux qui peuvent les invoquer, à certaines personnes seulement ? Tous peuvent s'en prévaloir comme le propriétaire peut se prévaloir à l'égard de tous des droits qui lui appartiennent. Et c'est ainsi que pour rester dans l'esprit et dans la logique de l'interprétation ainsi proposée, il faut, je crois, arriver à mettre de côté l'idée de contrat pour aboutir à la conception d'une obligation légale du chef de la propriété, ou plutôt du chef de la maîtrise et de la direction industrielles.

12. — D'ailleurs, le point faible de toutes ces théories contractuelles c'est qu'en donnant ce fondement à la responsabilité, celle-ci risque d'être écartée par une clause du contrat, par exemple pour tous les ouvriers d'une usine, ou d'une compagnie qui eût inséré de ce chef une clause d'irresponsabilité dans ses formules d'engagement. Craint-on qu'elle ne trouvé plus d'ouvriers ? Avec la main-d'œuvre surabondante du marché industriel ce serait une crainte chimérique ; et d'ailleurs les ouvriers tiennent plus à une légère augmentation de salaire qu'à la garantie des éventualités de l'avenir. Toute comparaison faite, une compagnie pourra trouver son avantage à surélever quelque peu ses salaires en se déchargeant de la garantie des accidents ; et j'ai grand'peur que, loin d'écarter d'elle la masse ouvrière, ces procédés ne la lui attirent.

Donc, je ne veux pas dire que la théorie contractuelle soit inexacte : un supplément de garantie par voie de convention est toujours possible ; et là où la clause n'est pas expresse, l'existence d'une clause tacite peut être admise par voie d'interprétation ; mais encore faut-il en faire la preuve. Une fois la preuve faite les clauses de ce genre pourront avoir cette utilité d'assurer une réparation plus complète, une réparation exactement adaptée au dommage personnel, pour les cas où la responsabilité légale n'aboutirait, comme je le crois, qu'à une réparation moins large, moins calquée sur le dommage exact, et fondée peut-être sur un forfait et comme sur une moyenne des accidents similaires.

On voit donc pourquoi, pour ce qui est de la jurisprudence française, je laisse de côté ici la jurisprudence étrangère, l'évolution commencée par elle sur l'interprétation de l'article 1382 devait lui faire écarter la théorie contractuelle, comme trop fragile, trop vague et trop incertaine, pour la conduire directement à l'idée simple, dégagée de toute subtilité juridique, et comme lumineuse par elle-même, d'une obligation légale, en dehors de toute idée de faute. C'est la théorie du risque professionnel, et l'article 1384 allait fournir le moyen de lui donner droit de cité chez nous sans attendre que le législateur l'eût officiellement consacrée.

13. — Il faut bien d'ailleurs se rendre compte de ce qu'il y avait au fond de la thèse contractuelle, l'idée d'un résultat que l'on voulait fonder sur un principe juridique au lieu de le faire consacrer purement et simplement, brutalement en quelque sorte, par la loi. On voulait arriver à intervertir la charge de la preuve, au besoin mettre à la charge du patron tous les risques. L'article 1384 pouvait s'y prêter ; mais on considère l'article 1384 comme quelque chose d'anormal, il consacre une présomption de faute, c'est-à-dire une fiction. Et la doctrine, c'est à son honneur que je le constate, répugne à ces sortes de procédés juridiques. Elle n'aime pas beaucoup plus à voir s'étendre le cercle des obligations légales, tout cela lui semble un peu arbitraire : une obligation imposée par la loi, cela suppose un peu comme un principe d'ordre public ; et plus on étend la notion d'ordre public plus on restreint le domaine de la liberté et celui de la pleine autonomie de la volonté. Cette intervention de la loi lui fait peur, cela conduit assez directement, dit-on, au socialisme d'État.

La doctrine s'est fait un autre idéal juridique, et son idéal c'est le contrat ; c'est le respect de la volonté, c'est l'idée que tous les rapports juridiques devraient reposer sur des accords et des échanges de volontés. C'est la doctrine libérale. Aussi là où elle craint que ces conventions n'existent pas, elle les présume. C'est le cas dans notre matière.

On lui démontre qu'il y a bien des conventions qui sont comme imposées ; que dans la grande industrie par exemple, en matière d'engagement de travail, c'est la carte forcée, c'est à prendre ou à laisser ; que le patron seul est maître du contrat, qu'il n'y a que pour la forme échange de volontés ; qu'au fond il s'agit d'adhésion à une loi faite d'avance, à une formule d'engagement qu'il faut prendre telle qu'elle est sauf à mourir de faim. Peu importe c'est un contrat, dit-on. Un contrat, peut-être ; mais assurément ce n'est pas un contrat comme tous les autres. C'est la charte d'un petit organisme social à laquelle il faut adhérer sous peine d'être exclu de l'organisme ; c'est un pacte d'association[32]. D'autre part cette charte est issue d'une volonté maîtresse, elle ne ressort

32. Cf. sur ce point et sur la nature du contrat de travail des idées et des aperçus tout à fait intéressants dans une thèse de M. ADNET (*Le salaire et le collectivisme*, Paris, 1892, p. 108 et suiv.), et mon livre sur l'*Obligation*, nº 337, p. 401 et s. ; mais surtout MICHEL BODEUX, *Etudes sur le contrat de travail* (Bruxelles, 1896), p. 9 et suiv., p. 387 et suiv. et p. 508. Il faut lire dans M. TARDE, *Les transformations du droit* (p. 122 et suiv., 125 et suiv.) des pages d'une absolue vérité sur l'abus qui a été fait de l'idée de contrat dans le droit. Cf. aussi TARDE, *L'opposition universelle* (1897), pp. 413, 414.

pas forcément des conditions organiques du groupe qu'il s'agit de constituer. Ce sont des contrats d'une nouvelle espèce, qui, socialement et sociologiquement parlant, ne ressemblent en rien aux conventions ordinaires prévues par le Code civil.

Peu importe, la thèse libérale assimile les unes et les autres ; autonomie de la volonté, pas d'intervention. Ce sont de libres conventions.

Je le veux bien, au moins faudrait-il les restreindre à ce qui forme le contenu du contrat ; loin de là, on y fait rentrer des clauses tacites que l'on impose. Je reconnais qu'ici on interprète le contrat contre le patron. C'est une interprétation équitable ; est-ce une interprétation exacte ? Si l'on part du respect de la volonté, il faut reconnaître que neuf fois sur dix on se sera trompé.

Au fond on attribue à la volonté des parties ce que l'on considère comme la volonté ou le désir de la loi : donc c'est encore à un principe d'ordre public que l'on se trouve ramené.

S'il en est ainsi il faut être franc : il faut déclarer nettement que les parties ont pu ne pas savoir ou ne pas vouloir répartir les risques dans le sens des exigences de la justice sociale, peu importe. Si la justice l'exige, la loi le leur impose : obligation légale.

Et voilà la ressource que nous offrait l'article 1384 du Code civil. Il s'agit de fiction et de présomption, dit-on, donc on ne peut pas les étendre : ce serait, paraît-il, l'objection. Or ce que je prétends démontrer c'est que l'article 1384 ne consacre ni présomption, ni fiction. Il n'est que l'application pure et simple de l'article 1382. J'essaierai tout au moins de l'établir.

IV

14. — L'idée de faire rentrer la responsabilité en matière d'accidents de travail dans la responsabilité du fait des choses, ou, ce qui est plus exact, l'idée d'en faire une obligation légale fondée sur la conception sociale de la répartition des risques, n'est certes pas nouvelle [33]. Ce qui a pu paraître

33. V. surtout LAURENT, *Principes de droit civil*, t. 20, n° 639 et suiv., p. 691 et suiv. Cf. STAES, *Des accidents du travail* (*Journal des Tribunaux*, 1886, p. 785), et cf. PIRMEZ, *De la responsabilité*, p. 16 et suiv., n° 15 et s. Enfin on peut aussi indiquer la haute autorité de M. SAINCTELETTE, qui, de

contestable, c'est que cette solution dût s'adapter aux conceptions de notre droit civil positif. Et sur ce point, on a présenté deux ordres d'objections, les unes relatives à la portée d'application de l'article 1384, les autres à ses conditions d'application, ou, pour mieux dire, au caractère de la responsabilité qu'il édicte.

Sur le premier point, on a voulu considérer le début de l'article 1384 comme une simple déclaration de principe, comme une disposition de renvoi, annonçant deux nouveaux cas d'extension de l'article 1382, mais qui n'eût pas pour but d'indiquer quels seraient exactement les cas ainsi prévus [34]. L'article 1384 aurait voulu dire que, en dehors de la responsabilité du fait personnel, il pourrait y avoir responsabilité du fait d'autrui et responsabilité du fait des choses. Mais, pour ce qui est de savoir quand existerait cette double responsabilité, il faudrait s'en référer aux dispositions spéciales qui seront destinées à développer le principe. Pour ce qui est des choses matérielles proprement dites, on ne trouverait donc que deux cas de responsabilité, celle relative aux animaux domestiques (art. 1385), et celle relative aux bâtiments tombant en ruines (art. 1386). C'était déjà le cas d'ailleurs de l'ancien droit; et il serait peu probable, dit-on, que le Code civil eût entendu généraliser le principe admis par Domat, Bourjon et ses guides ordinaires, en dehors de ces deux cas d'application, seuls prévus par ses devanciers [35].

Qui ne voit cependant que toute la conception du Code civil en matière de quasi-délit a été précisément de généraliser des principes admis seulement d'une façon fragmentaire, et sous forme de solutions détachées, en droit romain et en ancien droit: qu'avait fait le droit romain en matière de faute aquilienne? Il avait admis le droit à réparation pour certaines hypothèses particulières, dont les jurisconsultes ont constamment cherché par la suite à étendre le nombre [36]. Et

la théorie contractuelle, a été amené par la suite à admettre une responsabilité pure et simple par le fait des choses, responsabilité purement légale, indépendante de toute idée de faute, ce qui est exactement la thèse que je reprends ici (*Mémoire pour Mme Vve Desitter*), Bruxelles, 1888, p. 80-81.

34. Cf. FROMAGEOT, *loc. cit.*, p. 90 et suiv. ; ESMEIN, note précitée. Cf. SOURDAT, *Traité général de la responsabilité*, t. II, n. 1451.

35. Citations importantes dans la note de M. ESMEIN.

36. Sur l'extension du principe et les difficultés qu'il comporte, V. DERNBURG, *Pandekten*, II (Ed. 1897), § 129, note 8, p. 358 ; WINDSCHEID, *Pandekten*, t. II, § 826 ; HŒLDER, *Pandekten*, § 59. Pour la partie historique romaine,

qu'avait fait l'ancien droit? Il avait, lui aussi, donné une énumération d'espèces, et prévu des solutions, plutôt que posé un principe. Qu'a donc fait le Code civil? Plus d'espèces, plus de décisions de détail, mais un principe de responsabilité aussi large que possible : ce qui fondera le droit à réparation ce sera tout fait quelconque ayant son principe dans la volonté de l'individu — en entendant le mot faute d'un rapport de causalité, l'article 1382 n'a pas voulu dire autre chose — et ayant causé un dommage à quelqu'un. Cette généralisation, le Code civil l'a admise pour ce qui est des faits donnant droit à réparation; forcément, il devait l'admettre aussi quant aux intermédiaires par lesquels le dommage se serait réalisé, c'est-à-dire quant aux choses qui en seraient comme l'instrument indirect, pourvu qu'elles-mêmes fussent sous la dépendance de celui qui, dans le domaine de la responsabilité, doit en être considéré comme l'auteur initial. D'ailleurs le principe ainsi posé par l'article 1384, § 1, quant à la responsabilité du fait des choses est aussi absolu et aussi général que celui posé dans l'article 1382 en ce qui touche la responsabilité du fait personnel : ce sont des formules complètes par elles-mêmes et qu'il faut accepter dans toute leur généralité.

15. — C'est ainsi d'ailleurs que la jurisprudence a toujours interprété l'article 1384, lui faisant un domaine absolument distinct de celui de l'article 1386 [37]; et le texte impose cette distinction. L'article 1386 parle du propriétaire qui doit répondre de ses immeubles en tant que propriétaire [38] et l'article 1384 parle du gardien ou du surveillant qui doit supporter les risques en raison de l'utilisation de la chose et de la maîtrise qui lui en revient. Comment donc identifier l'un avec l'autre? Il faudrait donc d'abord en distraire absolument l'article 1386; en parlant de garde, en effet, l'article 1384 n'a pu entendre cela de la propriété. Reste l'article 1385 : l'article 1384 n'aurait d'autre but alors que d'annoncer l'article 1385; et en parlant de garde il n'aurait songé qu'à ce qui

voir GIRARD, *Manuel de droit romain*, liv. III-IV, tit. I, chap. I, § III (Ed. 1896, p. 398, p. 400).

37. Cf. LAURENT, t. 20, n° 639, Cf. Grenoble, 10 févr. 1892 (Sir. 93.2. 205).

38. Sur cette interprétation de l'article 1386, voir l'arrêt de Grenoble précité et HUC, *Commentaire théorique et pratique du Code civil*, t. VIII, p. 606 et s., n° 454 et suiv. Sur l'art. 1386, d'une façon générale, voir Jos WILLEMS, *Essai sur la responsabilité édictée par les articles* 1382-1386 *du Code civil* (dans la *Revue générale du Droit*, 1895, p. 512.

peut se mouvoir, comme les animaux domestiques qu'il faut surveiller, c'est-à-dire garder, au sens étroit du mot, de peur qu'ils ne s'échappent [39].

Il s'agit là cependant d'une expression technique qui a en droit une toute autre ampleur et une bien autre portée. On connaît l'admirable théorie de Savigny sur la *Custodia*[40] et sur les choses que l'on a sous sa garde en matière de possession. C'est tout ce qui est sous le couvert, et comme sous la main de l'individu, dans son cercle de surveillance et d'appropriation matérielle. Ce n'est plus le propriétaire que l'on considère, mais l'homme dans son activité extérieure, tel qu'il apparaît dans sa sphère d'action, action commerciale ou industrielle principalement[41]. Ce que l'on a sous sa garde, c'est ce dont on a la maîtrise extérieure, tout ce que l'on revendique comme objet d'appropriation en le défendant contre les tiers, en le couvrant sous sa mainmise, ce que l'on manie directement, dont on se sert et dont on profite, source de bénéfices d'abord et par suite de risques corrélatifs. Ce sera donc avant tout l'outillage mécanique de la grande industrie.

Comment admettre cela, dira-t-on, d'un instrument isolé que l'on confie à un ouvrier et dont c'est à lui de savoir se servir? Mais précisément dans ce cas, et sous réserve d'une distinction,nous ne l'admettrons plus,la garde s'est déplacée.S'il s'agissait d'une responsabilité fondée sur la propriété,la solution resterait la même ; il s'agit d'une responsabilité fondée sur la direction industrielle. La direction industrielle a passé à l'ouvrier. J'ai annoncé cependant une distinction, c'est que cela n'est vrai que des accidents dont la cause ne serait pas antérieure à la prise de direction par l'ouvrier ; donc cela ne s'appliquerait plus à un vice initial affectant la chose telle qu'elle était aux mains du patron avant qu'il la remît à l'ouvrier qui s'en sert. Seulement c'est à ce dernier, si la garde a passé à lui, qu'incomberait la preuve de ce vice initial. Donc en principe, et ce dernier point à part, un instrument

39. Cf. la note précitée de M. Esmein.

40. Savigny, *Possession*, § 17 et pour les références et la bibliographie sur cette matière, voir la dernière édition de Randa, *Der Besitz* (1895), § 11. Cf. mon *Etude sur les éléments constitutifs de la Possession* (*Rev. bourguignonne de l'Enseignement supérieur*, 1893 et 1894), n° 13.

41. Sur la distinction entre la responsabilité fondée sur la propriété et la responsabilité fondée sur l'entreprise (*Eigenthum und unternehmen*). Voir surtout Steinbach, *loc. cit.*, p. 65.

isolé qui ne se meut plus à l'aide de ces forces aveugles contre lesquelles la force humaine, et souvent aussi les prévisions humaines, restent impuissantes, une fois dans la main de celui qui en prend la direction et qui le manie, passe sous la garde de l'ouvrier qui s'en sert. Si un accident survient, et sous réserve d'un vice initial qui en fût la cause, la responsabilité du patron n'est plus engagée qu'en vertu de l'article 1382 et des larges conceptions admises par la jurisprudence sur ce point : Le patron répondra de son imprudence ou de sa négligence, entendue au point de vue objectif, et cette dernière pourra consister à n'avoir pas prévenu l'ouvrier du danger qu'il pouvait courir, à ne l'avoir pas obligé lui-même, par certains règlements d'ateliers, à prendre les précautions indispensables ; en dehors de cette faute prouvée et démontrée, il pourra être déclaré responsable en vertu d'une clause particulière de garantie, si par voie d'interprétation contractuelle on croit pouvoir l'admettre. Nous ne sommes plus sous l'empire de l'article 1384 : la garde s'est déplacée. Mais pour tout le reste, outillage mécanique, engins de toutes sortes, vis-à-vis desquels l'ouvrier a surtout un rôle d'activité passive, pour tout cela le chef d'industrie en a la garde et la direction : il en est responsable au sens de l'article 1384 [42].

V

16. — Quelle est donc cette responsabilité de l'article 1384, § 1, et quel en est le caractère? C'est surtout d'après ses conditions d'application que nous pourrons en déterminer la nature. Or même sur ce point on est loin d'être d'accord. Ces divergences se retrouvent même chez ceux qui ne suppriment pas l'article 1384 au profit de l'article 1386. On admet bien sans doute que l'article 1384 au point de vue de sa portée d'application a un domaine plus large que celui de l'article 1386 ; la responsabilité qu'il édicte s'étend bien à toutes les choses dont on a la garde. Mais quant aux conditions

42. Cette dernière solution gagne peu à peu du terrain : en dehors de ceux comme Laurent, Pirmez et Sainctelette (V. *suprà*, note 32), qui l'approuvent pleinement, elle commence à être acceptée, au moins au point de vue théorique et comme postulat législatif, même par ceux qui la considèrent comme inadmissible, dans l'état actuel des textes, avec les principes du Code civil, Cf. Jos Willems, *loc. cit.* (*Revue générale du Droit*, 1895, p. 511).

d'application de cette responsabilité, c'est l'article 1386 qui, sous ce rapport, aurait fixé les principes et établi le droit commun. Il faudrait donc étendre à l'article 1384 § 1, les conditions qu'il exige et par suite faire la preuve que l'accident dérive du défaut d'entretien ou d'un vice de construction. Ce serait donc une responsabilité délictuelle combinée avec le principe de la garantie des vices [43]. Cette extension de la garantie des vices, en dehors de toute clause contractuelle, là où il ne s'agit plus de propriété, mais de garde, ce qui implique surveillance, et ce qui entraîne plutôt, si la surveillance a manqué ou s'est trouvée en défaut, l'idée de faute délictuelle, a pu paraître assez peu rationnelle ; aussi laissant de côté cette seconde face de l'article 1386, a-t-on voulu prétendre qu'il ne devait y avoir dans l'article 1384, § 1, qu'une application pure et simple de l'article 1382, donc qu'il fallait en reproduire purement et simplement les conditions normales, c'est-à-dire exiger que la faute soit prouvée [44].

On voit donc que si l'on s'en tient à la reproduction pure et simple des conditions de l'article 1386, cette dernière disposition devient parfaitement inutile, en tant tout au moins qu'elle parle des immeubles, du moment qu'elle n'aura même plus pour effet de limiter le domaine d'application de l'article 1384 ; et si on abandonne l'article 1386 pour remonter au principe général de l'article 1382, tout le raisonnement croule au point de vue juridique ; le point intermédiaire sur lequel on aurait pu s'appuyer pour passer de l'un à l'autre se trouve avoir disparu, et il ne reste plus que cette constatation très évidente que le principe de la responsabilité du fait des choses se trouve précisément énoncé dans une disposition qui se présente au contraire comme une exception radicale à la théorie de l'article 1382 et qui ne contient, sous forme de présomptions, puisque c'est la terminologie adoptée et que j'accepte provisoirement, que des dérogations aux nécessités de preuve et aux conditions d'application de l'article 1382 [45].

43. Cf. sur Cass., 19 avril 1887 (Sir., 87.1.217), note (n° IV). Cf. arrêt de la Cour de cassation belge du 28 mars 1889, rapporté par Stocquart, *loc. cit.*, p. 107-108.

44. Système admis en 1870 par la Cour de cassation française, Cass., 19 juillet 1870 (Sir., 71.1.9), et qui paraît s'être maintenu en Belgique, Cour d'appel de Bruxelles, 16 avril 1894 (Sir., 95.4.20). Cf. Renker, *loc. cit.*, n° 209 et p. 205.

45. Sur ce système désigné sous le nom de système de la présomption de

La déclaration de principe par laquelle débuterait, dit-on, l'article 1384 a au moins cette portée de mettre sur la même ligne la responsabilité pour les choses dont on a la garde et celle relative aux personnes sur lesquelles on a autorité : or pour ces dernières le système de la loi est sans contredit celui qu'on désigne sous le nom de système de la présomption de faute, présomption absolue ou relative suivant les cas : il faut donc bien que pour la responsabilité du fait des choses il en soit exactement de même ; et comme ici la preuve contraire n'est pas réservée, c'est la présomption absolue qui s'impose.

Du reste la raison n'est-elle pas la même dans les deux cas ? autorité sur les personnes ou garde sur les choses, ce sont deux situations à peu près analogues ; là où l'on est le maître, on supporte les risques. C'est d'ailleurs la théorie qui paraît s'affirmer en jurisprudence ; celle-ci, en ce qui touche la responsabilité du fait des choses, fait la part absolument distincte entre le domaine de l'article 1384 et celui de l'article 1386, soit quant aux choses qui s'y trouvent visées, soit quant aux conditions d'application de la responsabilité [46]. Il a pu sembler que notre arrêt sous ce rapport était un peu moins affirmatif, parce qu'il constate qu'il y avait eu vice de construction, ce qui semblerait faire allusion aux conditions de l'article 1386 ; mais il n'en parle que pour en tirer cette conclusion que cette circonstance excluait toute éventualité de cas fortuit. Cela signifie donc que seule la preuve du cas fortuit est ici de nature à faire écarter la responsabilité : c'est la thèse même de la responsabilité fondée sur l'article 1384, dérivant du seul fait de l'accident et sans autre preuve.

17. — Une responsabilité dérivant du seul fait de l'accident sans autre preuve, cela ne peut avoir en droit qu'un seul nom et qu'un seul caractère : c'est une obligation légale, obligation imposée par la loi et dérivant de la loi. A première vue, je ne vois pas comment il serait possible de lui trouver un autre nom et de lui découvrir une autre base [47]. Telle n'est pas toutefois l'opinion générale. Cette responsabilité de l'article 1384, pour laquelle cependant on n'a aucune faute

faute, v. Grenoble, 10 février 1893 (Sir., 93.2.205) ; LAURENT, *loc. cit.*, n° 639 ; HUC, *loc. cit.*, t. VIII, n° 439. Cf. *Revue Bourguignonne de l'Enseignement supérieur*, année 1894, p. 660-661.

46. Cf. la note précédente (note 45).

47. Cf. *Revue Bourguignonne*, *loc. cit.*, p. 661-662.

à prouver, au sujet de laquelle l'idée de faute n'apparaît même pas, pour tout le monde ce serait encore une responsabilité fondée sur la faute, non plus il est vrai la faute démontrée, mais la faute présumée. L'article 1384 consacrerait une présomption de faute. Si l'on parle encore d'obligation légale c'est au sens où l'on pourrait dire que l'obligation délictuelle fondée sur l'article 1382 est une obligation légale, en ce sens que la loi impose légalement l'obligation de réparer le dommage dès qu'il dérive d'une faute commise ; mais elle ne l'impose qu'à raison de la faute : en réalité elle ne crée pas l'obligation, elle en reconnaît l'existence à raison de la faute qui en est la source initiale. Donc il est vrai de dire qu'il s'agit d'obligation fondée sur le délit et non pas d'obligation dérivant de la loi ; reconnue et consacrée, mais non créée, par la loi. Telle est l'opinion courante. La responsabilité du fait des choses serait encore une responsabilité délictuelle : seulement il y aurait présomption de faute ; cette dernière ne serait plus à prouver ; elle serait légalement présumée, par voie de présomption irréfragable et absolue [48].

Et de cela on accumule les preuves : d'abord qui parle de garde, parle de surveillance, donc si malgré la surveillance un accident se produit, c'est que l'on a mal gardé, mal surveillé : c'est donc un défaut de surveillance que l'on présume ; de plus on est dans la matière des quasi-délits, et le quasi-délit c'est un dommage involontaire, mais causé par négligence, donc il faut bien, ne serait-ce que fictivement, supposer une imprudence ; enfin les travaux préparatoires ne peuvent laisser de doute sur ce point.

Je crois bien en effet que les travaux préparatoires ne sont pas douteux [49] sur un point, sur celui-ci, qu'on a considéré la négligence comme possible et très souvent probable, mais

48. Sur ce sujet on trouvera les développements dans tous les auteurs déjà cités, auxquels on peut joindre tous les plus éminents commentateurs du Code civil français, AUBRY et RAU, DEMOLOMBE, BAUDRY-LACANTINERIE, etc.

49. On pourra se reporter à l'exposé des motifs de TREILHARD (*séance du 9 pluviôse an XII*) ; rapport du tribun BERTRAND DE GREUILLE (*séance du 16 pluviôse an XII*) ; discours du tribun TARRIBLE au Corps législatif (19 *pluviôse an XII*). C'est surtout sur ces précédents que s'appuient les auteurs ; et ces travaux préparatoires sont invoqués non seulement par les civilistes, mais par tous ceux qui ont écrit sur l'article 1384, même à l'étranger ; cf. à titre d'exemple, M. MICHOUD, dans son étude si remarquable sur La responsabilité de l'État à raison des fautes de ses agents (*Revue du droit public*, 1895, I, p. 418) et cf. STEINBACH, *Die Grundsätze des heutigen Rechtes über den Ersatz von Vermögensschäden* (Vienne, 1888), p. 39.

plus encore comme d'une preuve incomparablement difficile à établir : on a pensé qu'il y avait beaucoup de chance pour qu'il y ait eu négligence ; mais par contre il a bien fallu admettre que le maître de la chose pouvait n'avoir aucune faute à se reprocher. Donc ce qu'on a voulu avant tout, c'est lui faire supporter les risques. Je démêle donc très facilement l'idée de faute possible, mais je vois beaucoup mieux encore l'idée de risque imposé. De sorte que l'éventualité d'une faute peut avoir été dans les motifs de la loi, et c'est tout ce que démontrent les travaux préparatoires ; cela suffit-il pour faire de cette idée de faute le seul fondement de la loi ?

Or j'ai bien peur qu'en parlant ici de présomption de faute, on ne confonde deux choses, le caractère de l'obligation et les motifs, ou l'un des motifs, pour lesquels la loi l'a consacrée. Pour écarter ici l'idée d'obligation légale et ne voir que le délit présumé, il faudrait démontrer que, si la loi eût considéré la preuve de la faute, ou à l'inverse celle de l'absence de faute, comme facile à établir, elle eût admis, pour le maître de la chose, le droit de se disculper ; il faudrait démontrer que, si elle eût pensé qu'il fût possible d'établir avec une clarté absolue le degré de participation morale du maître de la chose dans l'accident survenu, elle eût supprimé toute présomption pour en revenir à la réalité des faits et au droit commun en matière de délit. Donc il faudrait démontrer que, s'il y a présomption, cette présomption n'a été admise qu'à raison de la difficulté de preuve, et non parce que la loi eût accepté de maintenir encore la responsabilité même en vue de toute absence de faute, fût-ce la mieux établie, du chef du propriétaire. Si peu qu'on puisse supposer que la loi n'a pas été hostile à l'idée de faire supporter la responsabilité même à quelqu'un qui n'a aucune faute à se reprocher, toute la théorie s'écroule, le système de la présomption de faute n'existe plus ; le mot lui-même n'est plus qu'une fiction et un mensonge à rayer du vocabulaire juridique. A sa place rétablissons les faits, et disons ce que la loi a voulu. La loi aura voulu d'une responsabilité qui pût atteindre même celui qui n'aura commis aucune faute ; si elle a voulu cela, et si peu qu'elle l'eût voulu, l'obligation ne repose plus sur la faute, mais sur la volonté de la loi toute seule, pour des motifs très divers, et très complexes, peut-être, dans lesquels sans doute l'idée d'une faute possible a pu entrer comme l'un des points de vue qui dussent entraîner la décision; mais tous ces éléments ne sont plus que les faces variées sous lesquelles on a pu considérer la solution que l'on adoptait. Ce qui s'impose c'est que l'obligation ne repose plus sur l'idée de faute : elle est de pure création légale.

Telle est donc la question qui se présente très nettement formulée : prouver que la loi ne s'est exposée à atteindre l'absence de faute que pour mieux être sûre de frapper la faute lorsqu'elle se trouverait exister ; ou sinon, reconnaître qu'elle a admis comme une éventualité normale, et qu'elle entendait accepter, que la responsabilité dût exister même au cas certain d'inexistence de faute.

18. — Or, puisque l'article 1384 assimile la responsabilité du fait des choses à la responsabilité pour autrui, il est intéressant de se demander quelle conception elle s'est faite de la responsabilité pour autrui.

Sous ce rapport les diverses dispositions de l'article 1384 sont éminemment instructives. D'une part lorsqu'il s'agit d'enfants, d'élèves ou apprentis, leurs gardiens responsables, parents, instituteurs ou patrons, peuvent se disculper en prouvant l'absence de faute ; mais d'autre part s'il s'agit d'employés, de gens de service et d'ouvriers travaillant, non plus à titre d'apprentis, mais pour le compte d'un chef d'industrie, la preuve contraire n'est pas admise : quel est donc vraiment le motif de cette distinction ? On ne l'a guère expliquée qu'en remontant à la vieille idée romaine de la *culpa in eligendo*[50] : à défaut de négligence par rapport au fait lui-même, et bien que le maître n'eût rien à se reprocher par rapport à l'accident survenu, encore serait-il responsable d'avoir fait choix d'un mauvais ouvrier ou d'avoir pris à son service un employé imprudent.

Qui ne voit que c'est ici ajouter une présomption à une autre et se payer de mots ? Comment? ne peut-il donc pas arriver à l'ouvrier le plus habile de commettre une imprudence et à l'employé le plus circonspect de causer un dommage par sa faute ? et l'on oserait dire que le maître en le choisissant aurait dû prévoir cette éventualité, et qu'il est en faute, en faute personnelle, en faute délictuelle, d'avoir fait un mauvais choix ? Mais s'il en est ainsi, je revendique pour le maître ce

50. On trouvera les principales références dans SOURDAT, *loc. cit.*, t. II, nos 885-884 ; add. HUC, *loc. cit.*, n° 444.

que l'on demande aujourd'hui en droit pénal, le droit de ne pas s'arrêter au fait et à la matérialité du fait pour juger du tempérament d'un individu, et le droit par conséquent de ne pas voir taxé de maladroit et d'imprudent par nature, un ouvrier ou un employé qui aura commis une simple imprudence, peut-être une imprudence d'occasion; le droit enfin d'établir qu'il ne s'agit pas d'un imprudent d'habitude ni de tempérament et qu'en le choisissant le maître n'a commis aucune faute qu'on pût avoir à lui reprocher[51]. Il y a si peu de chance, dans la plupart des cas tout au moins, pour que la survenance d'une imprudence de la part du préposé prouve le mauvais choix du maître qu'il est vraiment impossible d'imputer à la loi cette nouvelle fiction et cette absurde présomption de faute. Faisons à la loi l'honneur de l'expliquer et de l'interpréter par les motifs et les points de vue qui puissent avoir pour eux la raison et le bon sens; et, s'il peut être question encore de présomption, ce doit être pour présumer, le contraire fût-il établi, que la loi a voulu ce qui est vraisemblable, et non ce qui serait absurde.

Et d'ailleurs Pothier à qui le Code civil a emprunté toute cette réglementation, ne disait pas à proprement parler que l'on présumait la faute du maître, mais que l'on avait voulu, par la crainte d'une aggravation de responsabilité, obliger les maîtres à choisir de bons domestiques[52]. Donc au fond pure obligation légale, et non présomption de faute.

19. — Si donc ce n'est pas la faute commise dans le choix du préposé qui fonde ici la responsabilité, ce ne peut être que le choix lui-même; et la vérité, c'est qu'ayant choisi, et choisi volontairement un préposé, ayant accepté un ouvrier, le maître a accepté les risques de son choix. Il s'agit de quelqu'un qui agit pour lui, qui travaille pour lui, dont il utilise l'activité à son service; il prend donc pour lui et à son compte tous les résultats de son activité, ce qu'il produira de

51. Voir surtout sur ce point Chironi, *Colpa extra-contrattuale*, n° 164.

52. Pothier, *Traité des obligations*, 1re part., ch. Ier, sect. II, § II (Edit. Bugnet, t. II, p. 58, n° 121). D'ailleurs, puisque l'on met en avant surtout les travaux préparatoires, je puis m'autoriser précisément du *Rapport présenté au Tribunat* par Bertrand de Greuille (Locré, t. XIII, n° 14) et dans lequel se trouve indiquée sur l'article 1384, l'idée même sur laquelle je m'appuie et dont cette étude n'est ici que le développement logique. Il y est dit : « *N'est-ce pas en effet le service dont le maître profite qui a produit le mal qu'on le condamne à réparer ?* » Cf. sur ce point Steinbach, *loc. cit.*, p. 60 et Chironi, *Colpa extra-contrattuale*, n° 164.

bon, comme ce qu'il produira de mal. Rien de plus juste que s'il cause un dommage, ce dommage soit à la charge du maître, puisque c'est lui qui par le service qu'il a imposé a été la cause occasionnelle du fait dommageable. Rien de semblable lorsqu'il s'agit des pères et mères ou instituteurs : ce sont de purs gardiens et de purs surveillants. Ce n'est pas pour eux et à leur profit forcément que s'exerce l'activité de ceux dont ils répondent. Voyez par exemple l'apprenti ; il y a bien encore un choix de la part du patron ; et en tout cas, s'il le considère comme imprudent ou maladroit, n'est-il pas en faute de le garder chez lui ? N'est-ce pas là surtout que l'on pourrait dire, si l'apprenti commet un délit, que, même à défaut d'imprudence par rapport à l'accident survenu, il y a faute dans le fait d'avoir gardé chez soi un apprenti négligent et maladroit [53] ? Et cependant la loi réserve au patron le droit de prouver l'absence de faute. Que ce soit un ouvrier proprement dit qui travaille pour son patron, un préposé ou un employé, cette preuve n'est plus admise : c'est que l'apprenti n'est pas une activité au service de son maître, l'ouvrier est un instrument de production pour le maître ; celui-ci a pris à son service toute son activité industrielle, donc tous les risques de cette activité industrielle sont à sa charge.

Et alors s'il en est ainsi, qui ne voit l'assimilation absolue et forcée avec les choses qui fonctionnent et qui travaillent pour vous ? Au lieu d'une activité intelligente, il s'agit d'une activité mécanique au service d'un maître : c'est toujours le fait d'utiliser des services, mais cette utilisation produit au dehors des contre-coups et comme des réflexes qui peuvent atteindre les autres. Donc que celui qui profite du travail paie les risques du travail, c'est toujours le même principe.

Nous apercevons donc, en matière de responsabilité pour autrui, une responsabilité fondée sur l'idée de risques, et nous savons que la responsabilité du fait des choses lui est assimilée : c'est donc que pour la seconde comme pour la

53. C'est l'idée que M. SOURDAT, *loc. cit.*, n° 885, met surtout en relief comme fondement de la présomption de faute exclusive de toute preuve contraire en ce qui touche les ouvriers et préposés. Avec une intelligence très nette de la réalité, il a senti que l'idée de la *culpa in eligendo* à elle seule était insuffisante ; à la faute dans le choix du préposé, on pourrait en effet être tenté de substituer la faute dans le fait de garder le préposé à son service, la *culpa in vigilando* substituée à la *culpa in eligendo* ; mais alors n'est-ce pas tout aussi vrai de l'apprenti ? Et cependant pour ce dernier on réserve la preuve de l'absence de faute.

première l'idée de faute ne s'impose pas forcément, c'est donc que la loi a pu accepter que la faute fût absente et la responsabilité subsistante. C'est le point certain, on l'a vu plus haut, où l'idée de présomption de faute devait commencer à disparaître, pour céder la place à l'idée de risques. Cette preuve me paraît faite.

20. — Reste l'objection que cette responsabilité de l'article 1384 nous est présentée comme provenant d'un quasi-délit ; et le quasi-délit suppose une négligence ou une imprudence (art. 1383). Est-il donc tellement sûr que sous le titre de délits et quasi-délits la loi n'ait abrité que des faits délictuels ou des faits d'imprudence? L'article 1386 nous fournit du contraire comme une preuve absolue. Pour le bâtiment qui s'écroule et qui par là cause un dommage, la responsabilité peut être fondée sur un vice de construction : or le vice de construction peut se concilier avec l'absence de faute la plus complète. C'est un vice que le propriétaire aura ignoré, que peut-être il lui était impossible de découvrir ; il ne pouvait ni prévoir, ni prévenir l'accident, sa responsabilité subsiste. Il supporte les risques parce qu'il s'agit de vices qui affectent sa chose : c'est une des suites, une des conséquences forcées de la propriété. Dira-t-on que c'est encore une responsabilité délictuelle, ou quasi-délictuelle? On devra dire forcément qu'il s'agit d'une charge de la propriété, de risques dépendant de la propriété [54]. Et notez qu'ici on ne peut même pas invoquer l'idée de présomption de faute ; car l'article 1386 distingue nettement les deux choses : le défaut d'entretien, c'est la faute démontrée ; le vice de construction, c'est la garantie des vices en dehors de toute idée de faute. Donc sous le couvert de quasi-délits, ce qu'abrite le chapitre qui nous occupe ce sont des questions de répartition de risques ; ce sont des applications de l'idée de bon sens et de justice que celui qui utilise les services d'une chose ou d'une personne doit supporter les risques des dégâts que ces services occasionnent. L'activité personnelle a ses risques à sa charge, mais le fait de se servir des choses ou de se servir de

54. Cette idée d'une responsabilité fondée sur la propriété a été plusieurs fois mise en avant, avec beaucoup de réserves du reste sur son adaptation possible à la conception du Code civil français, par M. Labbé, cf. note sous Cass., 19 juillet 1890 (Sir., 1.91.9) ; et dans Sir., 86.2.97, note § 2. Cf. Esmein, note précitée. Cf. Cass., 19 avril 1887 (Dal., 88.1.27). Elle a été pleinement adoptée par M. Huc, *loc. cit.*, n° 454.

l'activité des autres implique l'idée corrélative de risques à subir : c'est là toute la théorie française en matière de délits et de quasi-délits.

21. — Donc les risques de la propriété, tels que les consacre l'article 1386, nous conduisent au même résultat que les risques de l'utilisation du travail d'autrui tels que nous les a montrés l'article 1384 ; cela doit entraîner par assimilation une théorie des risques de l'utilisation et de l'emploi des choses en dehors de toute idée même de propriété : c'est la conception forcée à laquelle nous sommes conduits en matière de responsabilité du fait des choses. Risques de la propriété d'une part, risques de l'entreprise d'autre part, les uns réglés par l'article 1386, les autres par l'article 1384 § 1 [55].

Nous revenons ainsi à la théorie de l'obligation légale, c'est-à-dire obligation fondée sur une idée de justice, inspirée peut-être, pour partie du moins, et c'est toute la part à faire aux travaux préparatoires, par la possibilité d'une faute non démontrable, mais reposant avant tout sur une loi d'équité sociale en matière de répartition des risques : voilà toute la conception, et toute la théorie, de l'article 1384 [56]. Et cette idée d'un engagement légal, nous la trouvons déjà chez nos anciens auteurs [57]. Sans doute elle n'y est qu'en germe, à propos de certaines hypothèses et de certaines applications particulières, c'est ainsi que procédait le droit coutumier. Mais là comme ailleurs la fonction propre du Code civil a été de généraliser ; de dégager d'abord le principe qu'impliquaient les solutions d'espèce, et, une fois dégagé et mis en lumière, d'en faire une formule abstraite d'application universelle à tous les cas similaires.

22. — On voit maintenant comment cette interprétation s'harmonise avec la conception nouvelle que la jurisprudence

55. Sur tous ces points, voir Steinbach, *loc. cit.*, p. 55 et suiv.; Gierke, *Die Genossenschaftstheorie und die deutsche Rechtssprechung* (Berlin, 1887), p. 803 ; Loening, *Die Haftung des Staates aus rechtswidrigen Handlungen seiner Beamten* (1879), p. 89 et pour le développement du principe que qui a les profits doit subir les risques, voir Mataja, *Recht des Schadenersatzes*, pp. 57 et suiv.

56. Cf. mon livre sur l'*Obligation dans le projet du Code civil allemand*, p. 376 ; *Adde* : Sainctelette, *De la responsabilité et de la garantie*, p. 124; Unger, *Handeln auf eigene Gefahr*, p. 64, et Chironi, *loc. cit.*, n°s 160 et s., n° 164.

57. Bourjon, *Droit commun de la France*, liv. VI, titr. III, ch. V, sect. Ire, § 1 et ch. VI, sect. Ire, § 1. Cf. Davot et Bannelier, *Traités de droit français à l'usage du Duché de Bourgogne* (Edit. 1757, t. VII, p. 532, not. 1253).

nous a donnée de l'article 1382 et comme tout cet ensemble devient logique et parfaitement cohérent dans toutes ses parties. A côté d'un rapport de causalité rattaché à la faute personnelle, une faute ayant été la cause démontrée de l'accident, un rapport de causalité qui se rattache à une faute purement objective [58], c'est-à-dire à un fait matériel qui en lui-même se présente comme un fait aventureux, non pas irrégulier en soi, non pas contraire aux usages de la vie moderne, mais dédaigneux de l'extrême prudence qui paralyse l'action, en harmonie avec l'activité qui s'impose aujourd'hui et par conséquent bravant les hasards et acceptant les risques ; c'est la loi de la vie aujourd'hui, c'est la règle commune ; et le droit est fait pour refléter cette conception actuelle de la vie, au fur et à mesure de son évolution successive, sinon il n'est qu'une construction en l'air de raisonnements qui s'enchaînent, mais vides de réalité. Et enfin, si l'on fait un pas de plus, et comme formant un troisième stade dans cette voie nouvelle, le rapport de causalité se rattachant à un pur fait matériel, dégagé de toute idée de faute même objective et se présentant purement et simplement comme l'émanation ou la conséquence d'une activité d'ensemble, d'une complexité d'action, qui peut sans doute recouvrir et comprendre bien des fautes ou des imprudences, mais dans laquelle tout cela est difficile, pour ne pas dire impossible, à discerner et qu'il faut prendre en bloc dans ses résultats avec toutes les suites, bonnes ou mauvaises, qu'ils peuvent produire : c'était l'évolution finale à laquelle on devait logiquement arriver. Cette évolution, elle était déjà très réellement indiquée dans la loi : ce sera l'honneur de notre jurisprudence de l'avoir mise en lumière, de l'avoir précisée et d'avoir aidé à son développement. C'est le point d'ailleurs sur lequel je vais revenir plus à fond.

58. Sur le développement de cette idée d'une responsabilité fondée sur une cause purement objective, parallèlement au domaine classique d'une responsabilité subjective fondée sur l'idée de faute, voir surtout UNGER, *op. cit.*, et STEINBACH, *loc. cit.*, p. 65. *Adde* : OTTO WENDT, *Eigenes Verschulden*, § 1, dans la Revue de Ihering (*Jahrbücher fur die Dogmatik des heutigen Privatrechts*, ann. 1892, p. 139).

VI

23. — Il reste maintenant à faire apparaître quelques-unes des conséquences pratiques du système : il en est de très certaines, et de très simples, qu'il suffira d'indiquer d'un mot. Il en est de plus complexes qui peut-être exigeront de plus amples développements.

Tout d'abord, s'il ne s'agit plus de présomption de faute on n'aperçoit plus aucune difficulté, et notre jurisprudence française n'en a jamais aperçu du reste, à faire application de ces solutions aux sociétés, compagnies industrielles et personnes morales de tout ordre, sans qu'il y ait à se demander si,en droit et théoriquement, les personnes morales sont capables de faute personnelle [59]. Application en outre aux accidents survenus aux tiers comme à ceux dont seraient victimes les ouvriers employés par la compagnie ou par le chef d'industrie : il ne s'agit plus de clause contractuelle que seuls puissent invoquer ceux qui sont liés par un contrat de travail ou un louage quelconque d'industrie. C'est une responsabilité bien autrement large, c'est une obligation de supporter les risques, donc de réparer tous les dommages que l'ensemble de l'activité industrielle que l'on dirige peut porter aux autres,tous les chocs qu'elle peut entraîner dans la sphère des activités parallèles qu'elle vient à heurter autour d'elle. En outre, il ne s'agit pas forcément d'une charge de la propriété, nous ne sommes plus dans le domaine de l'article 1386, mais d'une obligation légale à la charge de celui qui se sert à son profit de l'outillage mécanique, et qui en retire les bénéfices, celui pour qui il fonctionne et qui par suite le dirige et le surveille : c'est toute l'extension complexe de l'idée de garde dont parle l'article 1384. Enfin, s'il s'agit d'obligation légale, et dans la mesure où elle serait d'ordre public,inadmissibilité des causes d'irresponsabilité ; ce qu'il faut largement et très nettement admettre ici, au moins en principe. L'idée qu'il s'agit d'une disposition d'équité sociale érigée en principe d'ordre public ne peut guère faire de doute,bien qu'il s'agisse

59. Cf. ma *Théorie de l'Obligation*, n° 320, et Michoud, *loc. cit.* (*Revue du droit public*, 1895, I, p. 412-413).

d'une question de risques, indépendante de toute idée de faute.

24. — Tout cela est très simple ; mais où la théorie devient beaucoup plus complexe c'est lorsqu'il s'agit du règlement de l'indemnité. Toute la question est dominée par la formule de l'article 1382 : il s'agit de réparation. Il semble donc qu'il n'y ait pas deux modes de réparation; et à vrai dire en effet il n'y en a qu'un seul lorsqu'il s'agit de réparation en nature, et c'est d'abord et avant tout ce que vise exclusivement la formule de l'article 1382. Mais comme le plus souvent la remise en état au point de vue matériel est impossible, c'est d'indemnité et de dommages-intérêts seulement qu'il pourra être question. Il faudra donc la mesurer sur le préjudice souffert, tout le préjudice souffert : principe de réparation intégrale, le dommage étant la mesure de l'indemnité. Donc un seul mode de réparation, aucune mesure, aucun degré. Voilà le principe, disons la doctrine.

Croit-on vraiment, lorsqu'on avance ces solutions, que cette théorie simpliste concorde avec les faits ? Croit-on que la jurisprudence, laquelle est forcément dominée par les faits, ne tienne compte ni de la cause du dommage, ni du degré de faute, et qu'elle accepte objectivement, sous forme abstraite, une mesure d'indemnité mathématique exactement calculée sur le dommage, sans se laisser impressionner par les faits ? Croit-on vraiment que ce soit possible ? Et cela l'est d'autant moins que le plus souvent, s'il y a eu décès, maladie, blessure, tout autant que de la perte de travail, et de la diminution matérielle de revenus, c'est d'un intérêt moral que l'on tient compte, préjudice moral, qui se mesure à la douleur qu'on a éprouvée, à l'affection brisée, à toute une série de sentiments qui ne correspondent à aucun dommage pécuniaire proprement dit et pour lesquels on établit une sorte de forfait qui se rapproche terriblement du wergeld et des peines privées du droit germanique [60]. Et il en serait de même s'il s'agissait de réparation à l'honneur individuel [61]. Cela

60. Cf. Scandurra-Sampolo, *Del risarcimento dei danni morali* (estratto dal *Circolo giuridico*, 1897, vol. XXVIII, part. I), § 4 ; C. Ihering, *Œuvres choisies* (Traduction Meulenaère), II, 145 et l'importante étude de Kohler, *Das Obligations interesse* (dans *Archiv für bürgerliches Recht*, t. XII). Cf. note de M. Lacoste, sous Rouen, 24 févr. 1894 (Sir. 97.2.25).

61. Cf. la thèse de M. Sandoz, *De la protection du point d'honneur* (Paris, 1897), p. 270-271.

devient donc une appréciation particulière sans base légale, mais spéciale à chaque espèce : si bien qu'au lieu d'un mode de réparation nous en avons autant que d'espèces distinctes.

Forcément l'excès de simplification devait aboutir à cet éparpillement des règles d'interprétation : plus de règles coutumières ou légales, plus de lignes directrices ; et comme une règle unique est impossible, c'est alors forcément le cahos des interprétations divergentes, la contradiction, pour des espèces analogues et des dommages mathématiquement identiques, d'indemnités dérisoires à côté de sommes énormes, à la façon de ces indemnités anglaises que l'on considère plutôt comme des amendes privées, faisant fonction de clauses pénales judiciaires, que comme de véritables indemnités adéquates au préjudice direct.

Nos anciens auteurs n'avaient jamais cru que la simplicité d'une règle unique dût suffire à écarter des difficultés qui sont multiples, et qui resteront multiples, en tant qu'elles correspondent à des circonstances de fait extrêmement variées et complexes : il faut lire dans Domat toutes ces nuances diverses ; on verra que le juge de l'ancien droit pour calculer le dommage tenait compte, et de la faute, et de la cause du dommage et de toutes les circonstances de fait dans lesquelles il s'était produit [62] : « Pouvoir arbitraire du juge, a-t-on dit, supprimons tout cela ! » Et en effet on l'a supprimé, mais l'arbitraire subsiste, parce qu'il ne peut pas ne pas subsister ; mais il subsiste, moins les règles qui le dominaient et l'empêchaient précisément d'être l'arbitraire pour devenir l'équité. Par peur de l'arbitraire nous supprimons l'équité ; et nous appelons cela, je ne dis pas en droit moderne, mais en droit napoléonien, de la simplification, de la logique et de la justice.

25. — Il faudra donc bien que nous refassions un jour par voie doctrinale tout ce travail que la loi paraît avoir voulu supprimer ; il faudra que nous recherchions sur quelles bases la jurisprudence s'appuie pour fixer comme des degrés d'indemnité, par quoi elle se laisse impressionner ; et que de tout cela nous tirions des principes et une doctrine.

Mais avant tout il y a deux dogmes dont il faudra nous défaire, celui d'un mode unique de réparation, et, comme co-

62. Voir surtout, Domat, *Lois civiles*, Liv. III, tit. V, sect. II, § XVIII.

rollaire, celui d'une cause unique de responsabilité. Nous partons de cette idée que la cause unique de responsabilité fondée sur l'article 1382 est la faute, et que par suite le principe unique de réparation est celui de la réparation intégrale.

Et cependant la loi elle-même est là pour nous avertir de l'erreur où nous sommes ; car les règles de l'obligation d'indemnité ont été posées d'une façon générale à propos du dommage résultant de l'inexécution des obligations, et nous savons que la loi à ce propos distingue entre le dol et l'imprudence, entre le dommage qui a été intentionnel et voulu et le dommage non intentionnel (art. 1150) ; et forcément cette règle, qui est une règle de justice, devra s'appliquer à toute espèce de dommage, quelle qu'en soit la cause, qu'on doive la rattacher à l'inexécution d'un contrat ou à la réalisation d'un délit civil : il y aurait donc sous ce rapport à distinguer le quasi-délit, fait d'imprudence, d'après la théorie classique, du délit civil, fait intentionnel. On le nie, parce qu'en matière d'obligation, les dommages-intérêts reposeraient sur une sorte de clause de garantie tacite, comme une clause pénale sous-entendue, et que par suite, le dol à part, ils doivent se restreindre aux conséquences qui sont censées avoir été prévues et acceptées par les parties [63].

Je le veux bien ; mais il importe de voir exactement ce que l'on entend par là. On ne veut pas dire à coup sûr qu'en matière d'inexécution des obligations les dommages-intérêts n'aient d'autre cause que la convention : ce serait admettre que les parties sont libres de convenir que l'une pourra tromper l'autre, et que le dol et la fraude lui seront permis sans autre sanction. Le dommage qui consiste à violer un contrat, je l'ai déjà dit ailleurs [64], n'a pas d'autre caractère que celui qui provient de toute autre mainmise sur le patrimoine d'autrui : c'est une violation du droit d'autrui, et il n'y a pas de convention qui puisse par avance en supprimer la sanction légale, car cela aboutirait à supprimer l'obligation elle-même, à supprimer le droit qui en résulte pour la réduire à une promesse facultative qu'on est libre d'accomplir ou de ne pas accomplir.

Donc tout ce que la convention peut faire en matière de

63. Cf. LAURENT, *loc. cit.*, t. 20, n° 528 ; AUBRY et RAU, *Cours de droit civil français*, t. 4, § 445 (Ed. 1871, p. 250).
64. *Obligation*, n° 18, n° 808.

dommages-intérêts résultant de l'inexécution du contrat, c'est d'ajouter une garantie légale et de prévoir de plus amples dommages-intérêts ; elle ne peut pas supprimer les sanctions légales en tant qu'elles répondent à l'idée de responsabilité pour violation du droit d'autrui. Elles peuvent bien régler la répartition des risques en tant qu'il s'agit de risques à subir ; elles ne peuvent pas modifier les règles de la responsabilité légale. Si donc la loi présume que les dommages-intérêts ont été prévus par avance et confirmés par la convention, le règlement que la loi impute aux parties, et la clause dont elle présume l'existence, consisteront dans l'acceptation pure et simple de ce que la loi considère comme devant être le droit commun et la règle de justice suivant les causes génératrices du dommage lui-même. Le règlement d'indemnité que l'on impute aux parties est calqué sur le règlement légal, en tant que les parties l'auraient confirmé et accepté.

Dans quelle mesure les parties par leurs conventions pourront-elles déroger à cette présomption légale, cela résulte de la question préalable de savoir si la cause de l'indemnité sera fondée sur l'idée de risques ou sur le fait d'une faute intentionnelle. Mais là n'est pas la question. Tout ce que j'entends retirer de cette série d'observations, c'est que la loi impute aux parties qui contractent ensemble un règlement conventionnel des dommages-intérêts éventuels calqué sur le règlement que la loi ferait elle-même, si, au lieu de s'appuyer sur la convention, elle ne tenait compte que de la cause du dommage : telle mesure d'indemnité s'il s'agit de dol, telle autre mesure, s'il s'agit de simple imprudence ; et cela devient une règle de justice indépendante de toute idée de contrat. Et précisément si la loi présume que les parties acceptent cette différence de mesure lorsqu'elles contractent, c'est uniquement parce que la loi voit dans cette distinction une règle de justice supérieure que les parties contractantes ne créent pas, mais à laquelle elles se conforment, ou plutôt à laquelle elles adhèrent ; donc une règle non pas conventionnelle, mais légale, non pas spéciale, mais générale, non pas restreinte au dommage contractuel, mais s'étendant à tous les dommages dont on est responsable [65]. Et voilà déjà

65. Ceci déjà admis par SOURDAT, *Responsabilité*, t. Ier, no 105.

un premier aperçu qui impose, même dans le domaine de l'article 1382, plusieurs poids et plusieurs mesures, d'après les circonstances et la cause du dommage. En fait, on l'a toujours admis ; en théorie et en droit on n'osait pas l'avouer. Il est temps de renoncer à ces compromis et de mettre le droit d'accord avec le fait, là où l'équité s'oppose à ce que le fait se mette d'accord avec le droit.

Il semble donc bien que la façon d'apprécier le dommage, et par suite l'indemnité, doive être différente suivant qu'il s'agira de faute volontaire, d'imprudence, ou de risques purement et simplement. En d'autres termes, c'est la définition même du délit et du quasi-délit qu'il importe de préciser, parce que pour savoir sur quelles bases devra se faire l'appréciation du dommage en matière de délit ou de quasi-délit, il faut savoir avant tout ce qui se cache sous ces termes.

VII

26. — J'arrive donc ici à la partie vraiment délicate de toute cette étude : il est impossible de prendre une notion nette de la nature juridique de la responsabilité en matière d'accidents de travail, si l'on ne s'est pas fait une conception générale et précise du délit civil et du quasi-délit.

J'estime, quant à moi, que l'article 1384 ne crée ni présomption, ni fiction, qu'il n'est qu'une application très simple, très logique et très équitable, du principe général et de la formule même de l'article 1382 ; j'en conclus que c'est en effet d'après la théorie et la conception générale du délit civil qu'il faut l'appliquer et l'interpréter.

Mais c'est ce point qu'il me faut établir, et je sens que je vais à l'encontre de traditions séculaires et que je vais heurter toutes les idées reçues.

Il y a sous ce rapport des idées qui sont monnaie courante : elles nous viennent de Pothier et il semble qu'on ait oublié qu'entre Pothier et l'état juridique moderne, il y a eu le Code civil.

D'après Pothier le délit civil c'est le fait dommageable intentionnel ; le quasi-délit, c'est le fait dommageable de pure imprudence [66]. Partant de là, on voit dans l'article 1383 la

66. POTHIER, *Obligations*, 1re part., chap. 1er, sect. II, § II (Edit. Bugnet,

définition du quasi-délit, puisqu'il parle de négligence et d'imprudence et l'on se trouve ainsi amené à restreindre la formule de l'article 1382 au domaine du délit proprement dit, fait intentionnel [67].

C'est expliquer le Code civil par Pothier et c'est oublier les textes, leur valeur et leur formule.

27. — L'article 1382 ne peut en aucune façon se restreindre au domaine du fait intentionnel, parce que de cela il n'est pas un mot qui puisse en fournir même la plus simple allusion. Ce qui domine la formule de l'article 1382 c'est l'idée qu'il n'y a plus à distinguer parmi les faits dommageables. Toute l'ancienne tradition avait épilogué sur les faits dont il pourrait être dû réparation ; désormais ce sera tout fait dommageable quelconque qui impliquera droit à indemnité.

Quant à déterminer les caractères subjectifs et les conditions subjectives du fait dommageable fondant ce droit à réparation, il n'y a rien dans l'article 1382 qui puisse nous autoriser à construire sur ce point une théorie juridique quelconque. On s'est emparé du mot faute qui s'y trouve accidentellement renfermé. Or remarquez que le texte ne dit pas « Tout fait quelconque de l'homme, résultant d'une faute de celui qui en aura été l'auteur, oblige à réparation ». Il débute par cette formule purement objective « Tout fait dommageable oblige à réparation ». Le mot « faute » n'apparaît que lorsqu'il s'agit de désigner celui qui devra l'indemnité : ce sera celui par la faute duquel ce fait sera arrivé.

Il fallait bien en effet préciser, à côté de la notion du fait fondant le droit à indemnité, la notion de l'auteur responsable ; en d'autres termes préciser le rapport de causalité qui permettrait de rattacher ce fait à son auteur initial, à celui qui en aura été la cause première. Sera-ce donc forcément celui qui apparaît comme en étant la cause matérielle, immédiate et directe?

t. II, p. 57, nos 116-117). Ces définitions se retrouvent aussi chez plusieurs de nos anciens auteurs. Je me contente de citer Poullain du Parc, *Principes du droit français suivant les maximes de Bretagne* (Edit. 1770), t. VIII, p. 107 (liv. IV, ch. XII, n° 14). Voir cependant dans Austin une définition toute différente du quasi-délit, une définition conforme à celle que j'en donnerai moi-même, l'idée d'un quasi-délit en dehors de toute négligence et de toute idée de faute (Austin, *Quasi-contracts and quasi-delicts* en appendice à sa *Jurisprudence*, édit. 1879, t. II, p. 945.

67. Aubry et Rau, *loc. cit.*, t. IV, § 446, p. 745 ; Laurent, *loc. cit.*, n° 384 ; Baudry-Lacantinerie, *Précis de droit civil*, t. II, nos 846-847 ; Merlin, Répertoire, V° *Quasi-délit* ; Sourdat, *loc. cit.*, I, n° 642.

Un individu, qu'il s'agisse d'une attaque ou d'un jeu, en pousse un autre qui heurte un passant et le blesse dans sa chute : ce dernier, qui est l'auteur immédiat du dommage, en sera-t-il l'auteur responsable ? Evidemment non, puisque le fait émané de lui n'était pas un fait volontaire de sa part ; le rapport de causalité, en tant qu'il s'agit d'un rapport de responsabilité, ne peut donc s'établir qu'entre le fait réalisé, je dis le fait sans parler de ses conséquences dommageables, et une volonté qui ait eu ce fait pour objet.

L'auteur du fait dommageable sera forcément celui qui aura voulu le fait dont la conséquence aura été le préjudice causé. C'est ce rapport de causalité qu'il fallait établir : l'auteur volontaire d'un fait, est-ce que ce n'est pas pour tout le monde celui par la faute duquel ce fait est arrivé ? Dira-t-on de la victime des brutalités d'un autre, celui dont je parlais tout à l'heure, que c'est par sa faute que le fait est arrivé ? Il lui a été impossible de ne pas servir d'intermédiaire passif à la réalisation du fait. Mais l'autre ? pour celui-ci c'est bien différent. Le fait émane d'un acte propre, initial, de sa volonté ; et, en principe, un acte de volonté est un acte, virtuellement, qu'on aurait pu ne pas réaliser. Donc tout fait volontaire apparaît avant tout, pour employer l'expression vulgaire, comme un acte arrivé par la faute de celui qui l'a voulu.

C'est l'expression populaire : « Vous avez voulu cela ! c'est votre faute ! » Qu'est-ce que cela indique ? Un pur rapport de causalité volontaire.

Mais ce rapport de causalité, ce n'est pas la faute subjective au point de vue juridique.

La faute juridique consisterait soit à avoir voulu non seulement le fait qui a été réalisé, mais la conséquence dommageable qui pouvait en résulter et qui en effet en est résultée ; soit, si on ne l'a pas voulue faute de l'avoir prévue, à s'être trouvé à même de prévoir cette conséquence et à ne l'avoir pas prévue par suite d'une négligence, d'une inattention qui implique une faute personnelle de la volonté [68].

De cela, en est-il dit un seul mot dans l'article 1382 ?

28. — Mais admettons que par un prodige d'interprétation littérale il faille prendre le mot faute, dont la relation avec

68. Pour ce qui est de la faute subjective, la conception la plus précise que j'en connaisse est celle donnée par Liszt dans son manuel de Droit pénal, LISZT, *Lehrbuch des deutschen Strafrechts* (8e éd., 1897), § 35.

le fait dommageable se présente cependant comme la plus vague et la moins précisée, dans son sens juridique et technique : Est-ce que la faute juridique, c'est la faute intentionnelle ? Est-ce que le mot faute en droit pénal comme en droit civil n'est pas l'expression consacrée pour désigner l'imprudence ou la négligence par opposition au dol, à l'intention, à la fraude, à la mauvaise foi ?

Mais, à tout prendre, et à supposer que la faute dont on croit qu'il soit ici question ne se restreigne pas à la négligence, au moins faut-il lui donner une portée absolument large et compréhensive : ce sera tout fait de volonté imputable à faute, négligence, imprudence sans doute, mais également dol ou mauvaise foi.

Ceci est incontestable. La faute comprendrait donc ici la faute intentionnelle comme la faute d'imprudence : la formule de l'article 1382 vise donc à la fois le délit et le quasi-délit de Pothier.

On ne peut plus prétendre que l'article 1383 ait été réservé à la notion du quasi-délit.

Il faut donc chercher ailleurs le rapport et l'opposition existant entre ces deux dispositions. Et ce rapport, cette opposition, ils ont été faciles à établir : la formule grammaticale des textes et toute la tradition historique nous éclairaient sur ce point.

L'article 1382 vise le fait positif, intentionnel ou non : c'est la formule même qu'il emploie, le fait de l'homme ayant causé un dommage ; et l'article 1383 viserait l'abstention fautive et constitutive de dommage. On sait les controverses qui s'étaient élevées sur ce point : l'omission volontaire, la non-intervention volontaire, lorsqu'elles sont imputables à faute, et qu'elles auront été la cause du dommage réalisé, pourront-elles, comme le fait positif et direct, fonder le droit à réparation ? On discutait, on hésitait. L'article 1383 tranche la question dans le sens le plus absolu et le plus affirmatif, et il ne songe même pas à faire allusion à l'omission intentionnelle, calculée en vue du dommage que l'on prévoyait, tellement l'idée de dol et de mauvaise foi était hors de cause ; tellement il deviendrait contradictoire de restreindre à cette seule idée les expressions et la portée de l'article 1382. On ne songe qu'aux fautes de négligence : le reste est hors de question.

29. — Mais alors surgit une autre impossibilité ; le fait de ne pas intervenir, de ne pas empêcher, de ne pas agir, peut-il donc constituer une faute dont on soit responsable ? Il faudrait pour cela qu'on fût obligé d'agir et qu'on eût violé ce devoir d'action ; mais qui donc est de par la loi obligé d'agir pour autrui ? Vous voyez un homme qui se noie et vous pouvez le secourir ; sachant nager vous ne vous jetez pas à l'eau, et il se noie, par sa faute d'abord, et par la vôtre aussi, serez-vous juridiquement responsable de sa mort ? Pour être responsable au point de vue du droit il faut supposer une abstention qui soit la violation d'un devoir juridique ou d'une obligation légale, et non d'une obligation purement morale. Or, quand peut-on dire qu'on est juridiquement obligé d'agir, de réaliser un fait positif en vue d'empêcher un autre de courir un danger ou de subir une perte patrimoniale ? En principe, d'obligation juridique de ce genre, il n'en existe pas. Donc le quasi-délit d'abstention n'existe pas ; et l'objection a été présentée par M. Planiol avec une clarté, une logique, une force d'exposition auxquelles il n'y a rien à reprendre [69].

Mais le service, plus grand encore, que cette démonstration nous aura rendu, aura été de faire apparaître le point de vue objectif de la notion de délit civil : le délit civil est avant tout un acte irrégulier, la violation d'un devoir juridique : que cette violation, en tant que violation d'un devoir juridique, ait été voulue, qu'elle soit, en même temps qu'un délit objectif, une faute subjective, c'est ce que tout le monde admet et c'est aussi le point que je discuterai tout à l'heure. Mais, c'est déjà un pas important fait dans le sens de la doctrine objective que de reconnaître que le délit civil, comme le délit pénal, se caractérise déjà et avant tout, par sa matérialité : avant de savoir s'il résulte d'une faute subjective, il est important de constater qu'il se présente déjà, non seulement comme un fait dommageable, mais comme un dommage causé par un fait irrégulier en soi, un fait qui par ses caractères objectifs apparaissait comme un acte contre le droit.

Nous arrivons donc à cette conclusion : que le Code civil dans les articles 1382 et 1383 n'a pas défini le quasi-délit. Ce

69. PLANIOL, *loc. cit.* (*Rev. crit.*, 1888).

n'est pas le fait d'imprudence, puisque celui-ci se trouve tout aussi bien compris dans la notion de l'article 1382 que dans celle de l'article 1383 et ce n'est pas le fait d'omission qui, par lui-même et en principe, ne constitue ni un délit ni un quasi-délit.

80. — Ce n'est donc pas par les textes que nous pourrons nous faire une conception légale du quasi-délit : il faut en conclure que le législateur a entendu s'en remettre sous ce rapport à l'évolution historique elle-même, c'est-à-dire à la conception doctrinale qui était en voie de se constituer historiquement sur la matière.

Donc en réalité, sur ce point comme sur bien d'autres le Code civil n'a donné que des solutions précises et concrètes ; quant à la construction juridique et à la systématisation de la matière, il s'en est remis au développement des conceptions doctrinales. Il a entendu que les traditions coutumières, commencées par la lente évolution de l'ancien droit, pussent s'élargir et se transformer au contact des besoins de la pratique et des constatations que pourrait en faire la jurisprudence.

Nous ne sommes pas en présence d'une notion figée dans une formule : nous sommes en présence de quelques solutions consacrées par la loi, mais dont la formule est laissée au contraire en voie de formation doctrinale : nous sommes en présence d'une formule en train de se construire, et non en présence d'un dogme tout fait que la loi nous impose.

Notre devoir est donc de rechercher sur ce point, non pas l'idée exacte que le législateur s'est faite du délit ou du quasi-délit civil, mais l'idée que nous devons nous en faire à la suite des constatations de fait dont la jurisprudence nous fournit le critérium [70].

§ A.

81. — C'est cette recherche qu'il nous faut entreprendre et nous sommes déjà averti que c'est par l'explication de l'article 1383 qu'elle doit commencer.

70. Sur la légitimité de cette méthode d'interprétation, voir *Annales de droit commercial*, 1897, p. 47-48. Je constate que cette méthode est en voie de gagner tous les jours de nouveaux partisans : voir le beau compte-rendu par M. SAUVAIRE-JOURDAN du dernier ouvrage de M. Tarbouriech (*Revue du droit public*, 1897-1, p. 346 et suiv.).

On nous a démontré que l'article 1383 entendu d'une omission fautive était un non-sens juridique : et cependant il existe, et il existe comme la part réservée au fait négatif d'abstention opposé au fait de l'article 1382 qui est un fait matériel positif. C'est une solution légale que nous n'avons pas le droit de supprimer.

La méthode historique moderne nous autorise bien à réformer les conceptions doctrinales de la loi là où le législateur a statué et parlé en jurisconsulte, car ce sont des notions toujours revisables ; elle ne nous autorise pas à supprimer d'un trait de plume une solution concrète, légalement consacrée.

Qu'est-ce donc que causer un dommage par négligence ou imprudence, sans que ce soit par son fait, puisque telle est la formule même de l'article 1383 ?

Il s'agit, on peut déjà le pressentir par avance, d'établir les degrés d'approximation entre la simple omission non constitutive de quasi-délit, celle dont parlait M. Planiol, et le délit visé par l'article 1382, celui provenant d'un fait positif, cause immédiate et directe du dommage.

Au degré le plus éloigné se présente la simple abstention, le simple fait de non-intervention dans tous les cas où la cause directe et immédiate du préjudice ne se rattache à aucun aménagement qui dépende de celui qui aurait pu intervenir et qui ne l'a pas fait : ce que j'appellerai, pour celui à qui elle est imputable, la non-intervention en dehors de sa sphère d'activité.

Je laisse de côté la question du meurtre par défaut d'intervention, à laquelle j'ai déjà fait allusion, puisqu'elle-même est l'objet d'une difficulté assez sérieuse en droit pénal [71] : il est bien certain que si l'on considère comme constitutif d'un meurtre, à condition bien entendu qu'il s'y ajoute le fait de l'intention criminelle, le fait de ne pas porter secours, il y aura par là même violation d'un devoir légal et par suite délit civil.

Mais je suppose qu'un passant aperçoive un paquet de matières inflammables qui prennent feu aux approches d'une

71. V. Garraud, *Traité du droit pénal français*, t. IV, n° 219 et suiv. Cf. Liszt, *Lehrbuch*, § 29 (*Die Unterlassung*); cf. Binding, *Die Normen und ihre Uebertretung*, t. 1er (Éd. 1890), p. 108 et suiv. Cf. v. Buri, Ueber die Begehung der Verbrechen durch Unterlassung (dans *Gerichtssaal*, t. 21, an. 1869, p. 189 et suiv. Cf. Stooss, *Die Begehung von Verbrechen durch Unterlassung* (dans *Revue pénale Suisse*, 1896, p. 223 et suiv.).

maison ; il aurait pu se douter que, en s'enflammant, elles seraient de nature à communiquer l'incendie aux habitations qui sont dans leur voisinage ; donc il aurait pu prévoir et empêcher par conséquent le dommage qui va résulter de son abstention ; je ne dis pas que ce dommage, il l'ait voulu ; sinon il pourrait peut-être y avoir une question pénale analogue à celle relative au meurtre par abstention. Mais il n'y a que négligence ou imprudence, sans qu'il y ait eu fait positif : c'est l'hypothèse même à laquelle semblent s'appliquer les termes de l'article 1383 : il n'y aura cependant ni délit, ni quasi-délit. Ce n'est pas un fait irrégulier en soi, constitutif de la violation d'un devoir juridique que de passer sans l'éteindre devant un paquet d'herbes sèches qui prend feu dans le voisinage d'une habitation. On ne peut pas dire que l'incendie soit, ni de près ni de loin, le fait du passant ; et la preuve c'est que, n'eût-il pas passé, l'accident se fût produit de la même façon et dans les mêmes conditions. La cause matérielle et directe de l'accident est le fait d'avoir mis le feu aux matières inflammables qui l'ont communiqué elles-mêmes aux habitations voisines : les tiers qui ont vu et qui se sont abstenus ne se trouvent vis-à-vis du dommage réalisé dans aucun rapport de causalité quelconque[72].

32. — Mais supposons que l'abstention se réfère à une cause matérielle constitutive de préjudice qui rentre dans la sphère d'activité de celui qui s'est abstenu ; il avait par exemple disposé des pièges sur son terrain, pièges destinés aux animaux malfaisants, et il n'a pas pris les précautions nécessaires pour que les tiers fussent avertis du danger : il n'a rien fait pour empêcher le danger de se réaliser. Il garde chez lui en lieu apparent une fiole de poison, ou une arme

72. Cette question de la détermination du rapport de causalité au cas d'omission ou d'abstention est l'une des plus ardues du droit pénal. On consultera sur ce point les diverses études qui lui ont été consacrées par VON BURI, et en particulier *Ueber die Kausalitæt der Unterlassung*, et son étude critique de la théorie de Huther sur ce point, *Bemerkungen zu der Schrift von Amtsrichter Huther in Hagenow : Der Kausalzusammenhang*, réunies dans le volume de mélanges paru en 1894, *Beitræge zur Theorie des Strafrechts*, pp. 69, 209, 406. La question vient d'être reprise à nouveau à propos d'une étude importante de G. MULLER, *Kausalitætsproblem im Strafrechte*, dans *Gerichtssaal*, 1895, p. 258. Voir à ce sujet l'article de HUTHER, dans la revue de Liszt, *Zeitschrift für die gesamte Strafrechtswissenschaft*, 1896 (t. XVII), p. 175 et suiv. Cf. MERKEL, *Begehung durch Unterlassung* (Nürnberg, 1895) et le résumé critique qu'en donne HIPPEL, dans la même revue de Liszt, ann. 1896, p. 430.

chargée, sans rien faire pour avertir les tiers. Si, dans ces différentes hypothèses, un autre s'y laisse prendre, qu'il absorbe le poison ou tombe dans le piège, sans doute la cause première du préjudice sera son fait à lui ; mais ce fait qui lui est personnel n'est devenu un fait dommageable que parce qu'il se rattache au fait primordial d'un autre qui a disposé l'aménagement matériel, cause directe du préjudice, de telle sorte qu'il dût constituer un danger pour les autres.

Dans toutes ces hypothèses l'abstention d'autrui se manifeste en réalité sous la forme initiale d'un fait positif qui a constitué un aménagement matériel susceptible de causer préjudice aux autres. Seulement ce fait positif n'apparaît pas comme la cause immédiate et directe de l'accident : la cause immédiate et directe c'est le fait de la victime ou d'un intermédiaire ; seulement ce fait de la victime ou d'un intermédiaire n'a été constitutif de préjudice que par suite d'un fait antérieur émanant d'un autre et qui avait été la cause réelle du danger dont l'accident survenu a été la réalisation objective et concrète. Donc il y a une cause immédiate et directe qui est la seule apparente et visible au premier abord, c'est le fait de la victime ou de tout autre intermédiaire qui a été l'instrument aveugle et passif du dommage survenu ; puis il y a une cause seconde, à laquelle se rattache la première et dont elle dépend, qui est le fait de celui qui avait constitué l'aménagement matériel par suite duquel l'accident s'est produit. Ce fait d'autrui cause seconde de l'accident, et à laquelle peut se rattacher par conséquent l'accident survenu, sera-t-il donc constitutif de responsabilité ? C'est à cela que répond l'article 1383. Oui, s'il s'agit d'un fait d'imprudence ou de négligence.

33. — Tout à l'heure nous étions en présence d'une négligence purement négative qui ne rentrait pas au nombre des causes successives de l'accident, qui ne pouvait en aucune façon figurer dans la série des causes intermédiaires plus ou moins directes ou lointaines. Nous sommes cette fois en présence d'une négligence positive qui consiste dans un aménagement matériel susceptible de devenir un danger pour les autres. Seulement ce fait de négligence ou d'imprudence n'est plus la cause première et directe, ce n'est pas celle qui frappe au premier abord : elle n'est pas démontrée par le fait extérieur tel qu'il a été réalisé ; il faut, pour la saisir, aller au delà du fait. Donc il faut la prouver. Un domestique se trompe de fiole et absorbe du poison : ce que l'on voit et ce qui frappe au premier abord, c'est son fait à lui, le fait de se verser du poison et de le boire. Pour établir ensuite que ce fait se rattache par un rapport de causalité directe au fait d'un autre, il faut donc établir que ce poison avait été placé de telle façon que l'on pouvait s'y tromper. Mais ceci n'apparaît pas au premier abord. C'est un fait de négligence ou d'imprudence qu'il faut prouver.

Tel est exactement le domaine de l'article 1383 : il suppose que la cause première de l'accident n'est pas le fait positif de l'auteur responsable ; c'est ce qu'il dit en propres termes. Mais ce n'est pas non plus le fait pur et simple, mécanique et brutal, d'une chose qui éclaterait, tomberait ou se briserait ; puisque ceci est prévu par l'article 1384 et l'article 1386. Il s'agit donc d'une cause immédiate et directe qui n'est ni le fait positif de l'auteur responsable, ni le fait des choses, mais qui se rattache cependant, comme cause seconde, à un fait d'imprudence de la part de l'auteur responsable. Et alors comme ce fait d'imprudence n'est pas la cause première de l'accident, il faut en faire la preuve : l'article 1383 nous présente bien cette fois la négligence comme le fondement juridique de l'obligation, donc comme le fait à prouver.

On en a conclu que dans tous les cas de délit ou de quasi-délit, il fallait faire la preuve de la faute : c'est tout le contraire qui résulte de l'article 1383. L'article 1383 nous montre que, pour établir le droit à indemnité, il y a, sous une alternative, deux choses à prouver, ou le fait ou l'imprudence. Le fait, c'est forcément le fait positif, cause première du préjudice : l'individu a été en contact direct avec la personne blessée ou la chose endommagée ; l'imprudence, c'est le fait de négligence, cause lointaine et seconde constitutive d'un aménagement matériel d'où est résulté un dommage pour autrui. Si le fait positif, cause première et directe, est prouvé, tout est prouvé ; et c'est seulement lorsqu'il ne l'est pas, qu'il faut remonter aux causes secondes, donc prouver le fait de négligence.

34. — Mais quel sera ce fait de négligence et quelle sera cette preuve ? Il s'agit de prouver la faute ; mais quelle faute : la faute subjective ou la faute purement objective ?

La faute subjective, nous savons ce que cela peut être, c'est un fait de volonté : c'est avoir voulu l'accident survenu ; ou, sans l'avoir voulu, ce serait, tout en ayant prévu les conditions qui auraient pu le faire éviter, de n'avoir pas voulu les prendre : l'un c'est le fait intentionnel, l'autre c'est un fait subjectif d'imprudence. L'un c'est le dol, l'autre c'est la faute assimilée au dol, non pas en tant que faute lourde, parce que la faute lourde, entendue au sens traditionnel, est une faute grossière, mais appréciée dans sa matérialité seulement et au point de vue purement objectif, sans référence avec une faute de volonté de la part de celui à qui elle est imputable, tandis que l'imprudence subjective, la seule assimilable au dol, est, et ne peut être, que le fait de n'avoir pas voulu ce qui eût pu servir à faire éviter l'accident, donc le fait d'avoir pu prévoir les moyens de l'éviter.

Est-ce donc uniquement à cette faute subjective que ferait allusion l'article 1383 ?

35. — Il y a double raison pour qu'il n'en soit pas ainsi, l'une théorique, l'autre pratique.

Théoriquement, se placer au point de vue purement subjectif serait ne tenir aucun compte de la matérialité des faits pour n'apprécier que le côté psychologique de la question. La faute la plus grossière a pu être commise par un individu dont l'état d'esprit, au moment où il la commettait, était tel qu'il ne pouvait ni la prévoir ni l'éviter : il y a sous ce rapport une expression populaire bien caractéristique, on dit pour caractériser de pareils moments et pour dépeindre ces états d'esprit, qu'on avait perdu la tête ; et en effet ce qui n'est pas douteux c'est qu'en certains moments de trouble ou d'émoi, on devient incapable de prévoir, ni même de voir. On agit à l'aveugle, on commet des fautes que le plus borné des hommes ne commettrait pas. Ce sont au point de vue de leur matérialité des fautes grossières, ce sont des fautes par comparaison à un type abstrait de conduite ; au point de vue individuel et subjectif, ce ne sont pas des fautes de volonté. Qui donc oserait dire que pour apprécier la négligence au point de vue de l'application de l'article 1383 il faudra tenir compte de toutes ces nuances de la volonté et de tous ces degrés de responsabilité ?

Je crois, pour ma part, qu'il y aurait à peine à en tenir compte au point de vue pénal [73] ; au point de vue de la res-

73. Voir ce que je disais à cet égard à la séance du 17 février 1897 de la So-

ponsabilité civile, je ne sache pas que la thèse de la responsabilité partielle ait été proposée par personne.

Remarquez qu'on n'admet même pas que la faute délictuelle doive s'apprécier d'après les habitudes personnelles de l'agent, d'après sa conduite habituelle et le soin qu'il donnerait à ses propres intérêts : on l'apprécie d'après un type abstrait et ce type abstrait on le choisit aussi idéalisé que possible.

Or, d'après la théorie purement subjective, si l'on voulait être logique, il faudrait excuser même la faute grossière incompatible avec les habitudes administratives et la diligence ordinaire de celui qui l'a commise s'il était prouvé qu'il ne l'a pas prévue et que l'état d'esprit dans lequel il était alors devait l'empêcher de la prévoir[74] : qui donc l'a jamais soutenu?

Il demeure donc acquis que la négligence dont il est question à l'article 1384, n'est pas une négligence subjective. C'est un fait qui dans sa matérialité, et apprécié d'après un type de diligence purement abstrait, apparaît comme un fait fautif, un fait anormal, contraire aux usages reçus, ou tout au moins aux usages tolérés par le droit.

Prenez tous les exemples de la jurisprudence, vous verrez qu'il s'agira de faits appréciés en eux-mêmes, et jamais au point de vue de l'agent, décrits d'après leur matérialité, et sans que jamais on songe à se demander quel était ou quel a pu être par rapport à leur prévision subjective l'état d'esprit, ou l'état de volonté de l'agent : il s'agit de telle précaution omise, de tel fait aventureux en lui-même ; on le frappe dans sa matérialité, on l'atteint en lui-même, et on le frapperait quel que fût celui qui en eût été l'auteur.

C'est un fait constitué par ses circonstances matérielles et strictement objectives, exactement comme le délit pénal est un fait caractérisé avant tout par ses éléments matériels et objectifs : la seule différence à établir est que pour le délit pénal les éléments matériels en sont précisés par la loi, il s'agit d'incrimination légale, tandis qu'ici les éléments constitutifs et matériels du fait sont laissés à l'appréciation du juge.

ciété générale des prisons (*Revue pénitentiaire*, 1897, p. 470). Cf. Liszt, *Die strafrechtliche Zurechnungsfähigkeit*, II, *Zeitschrift für die gesamte Strafrechtswissenschaft*, 1896, p. 77 et suiv.

74. Cf., comme expression de la pure doctrine subjective, l'art. 827 du Code civil allemand et les observations de Liszt à son sujet, au passage cité à la note précédente (note 73), p. 78, note 1.

36. — Mais ne faut-il pas aller plus loin encore ? et nous arrivons maintenant à la raison pratique que j'annonçais par avance. Remarquez que dans la théorie du Code civil d'après laquelle le délit civil est caractérisé avant tout par le fait de la réalisation d'un dommage il ne suffit pas qu'il y ait fait d'imprudence objective pour qu'il y ait responsabilité encourue ; le délit civil naît du dommage causé. Il faut donc que ce dommage ait eu pour cause le fait d'imprudence commis par l'auteur du dommage. Donc il ne suffit pas d'établir qu'il y a eu imprudence commise, il faudrait établir le rapport de causalité directe entre cette imprudence et le dommage réalisé. C'est là la preuve à peu près impossible à fournir ; nous l'avons vu par la jurisprudence qui s'est formée en matière d'accidents de travail.

On établit bien le fait d'où est provenu l'accident, telle machine qui a éclaté, ou encore telle maladresse commise par l'ouvrier ; on établit en outre que telle précaution générale n'a pas été prise qui aurait pu mettre l'ouvrier en garde contre ses propres imprudences ; on établit que tel ou tel règlement d'atelier n'existait pas qui aurait eu pour but d'empêcher la précipitation du travail ou d'en écarter les risques. A-t-on établi pour cela que, si ce règlement eût existé, l'ouvrier blessé en eût profité, lui eût obéi, aurait su s'en servir, ou l'appliquer, voire même qu'étant donnée sa propre manière de faire il eût été capable de se plier à tout autre procédé ? Voilà ce qu'il est impossible de démontrer ; et il en est de même, non seulement en matière d'accidents de travail, mais pour la plupart des dommages ou préjudices survenus.

De sorte qu'en réalité, il est inexact de dire que l'on doit prouver la faute d'où est provenu l'accident ; on prouve une faute quelconque ; et, comme sanction de cette faute, on impute les risques à son auteur. Telle précaution n'a pas été prise ; est-ce ce défaut de précaution qui aura été cause de l'accident ? Nul ne le sait, et personne ne peut le savoir. Mais pour n'avoir pas pris cette précaution jugée nécessaire, celui à qui le soin en incombait supportera les risques. Prouverait-on même que, sans cette imprudence commise, l'accident fût encore survenu que l'auteur de l'imprudence en supporterait les risques. Donc sous prétexte de négligence, ce que la jurisprudence consacre c'est une question de risques comme sanction d'une faute purement objective d'imprudence.

Donc voici le second degré d'approximation auquel nous sommes arrivés ; après l'abstention qui ne coïncide avec aucun fait de participation directe ou indirecte avec l'accident survenu, le fait de négligence objective existant comme cause seconde ou lointaine du dommage réalisé, alors que la cause première se trouve dans un fait direct auquel l'auteur de la négligence est resté totalement étranger[75].

J'ai cité l'exemple très simple de l'individu qui s'empoisonne en buvant le contenu d'une fiole laissée à sa disposition : la cause première est le fait de la victime d'avoir bu du poison, la cause seconde est le fait de celui qui a laissé à la disposition d'autrui, sans autre indication ni précautions, un mélange empoisonné.

37. — Faisons maintenant un pas de plus : après l'article 1383, l'article 1382; après le fait objectif d'imprudence, le fait positif cause matérielle et directe du dommage réalisé.

75. Bien entendu parmi ces hypothèses de causalité indirecte, il faudrait faire rentrer tous les cas dans lesquels le préjudice se présente uniquement comme la conséquence indirecte de l'acte dont on se plaint, ce qui serait le cas par exemple toutes les fois que l'auteur du dommage eût exercé une faculté comprise dans un droit qui lui appartienne ; le fait se présente comme un fait régulier exercé à titre de faculté légitime, comme se rattachant au contenu d'un droit. Pour le transformer en délit, il faut ici encore faire apparaître la faute de l'agent. J'en dirai quelques mots plus loin, *infrà*, n° 45. Je ne veux ici que poser les principes ; et cette question de l'exercice des droits et des facultés qui en forment le contenu, en temps qu'il peut donner lieu à la responsabilité civile, serait tout un autre problème accessoire, que je n'aborde pas, pour le moment du moins.

J'en dirai autant de tous les cas où un acte imprudent, une parole malencontreuse, une démarche incorrecte, peuvent, par voie de contre-coup, devenir une cause de préjudice.

Ihering paraissait s'en effrayer déjà, il y a longtemps de cela, même à propos d'une théorie acceptant en matière de délit civil la généralité d'application de notre article 1382. « La vie ne serait plus possible », disait-il (Cf. *Culpa in contrahendo*. Je me contente ici de renvoyer à la traduction de M. de Meulenaere, Ihering, *Œuvres choisies*, II, p. 18). Mais ce ne seraient jamais là que des préjudices très indirects, dont la cause immédiate serait ailleurs ; il est possible que cette cause immédiate ait été mise en mouvement par le fait initial du défendeur. Mais alors qu'on établisse le rapport de causalité subjective : il faut prouver la faute. Cela rentre dans l'hypothèse de l'article 1383 ; et ici encore par faute, il faudra entendre un fait anormal, en dehors des usages reçus, dont la matérialité constitue une faute au point de vue de la correction de la vie. Sur cet article 1383 et sur cette question de la causalité indirecte, il y aurait là encore une étude indispensable à faire et qui n'a pas été faite. Elle se rattacherait aux principes sur la causalité en matière de délits par omission (cf. *suprà*, note 74). Ce n'est pas ici que je pouvais en aborder les détails : il suffisait, pour le moment du moins, de quelques aperçus à indiquer.

Cette fois plus d'imprudence, plus de négligence à prouver ; plus d'autre preuve à fournir que celle du fait volontaire commis par l'agent et qui apparaît comme la cause visible, immédiate et certaine, de l'accident survenu. Nous savons déjà, par la formule même de l'article 1383, que, en matière de délit et de quasi-délit, il y a deux fondements de l'obligation et de la dette d'indemnité, le fait et l'imprudence : le fait, ce n'est pas quelque chose de subjectif, comme serait la faute intentionnelle, c'est l'acte positif qui a mis l'agent en contact direct avec la personne ou la chose en laquelle le dommage s'est réalisé et qui le fait apparaître comme l'auteur exclusif du préjudice ; la négligence c'est le fait plus éloigné qui le fait apparaître comme un simple coparticipant dans la série des causes secondes qui ont abouti au préjudice survenu. C'est l'une de ces deux conditions seulement qui fonde l'obligation ; c'est donc l'une ou l'autre qu'il faut établir.

Ce que dit si clairement l'article 1383, l'article 1382 n'est pas moins formel à le consacrer : ce qui oblige à réparation c'est le fait de l'homme constitutif de dommage ; ce sont là les seuls éléments caractéristiques du fait délictuel ou quasi-délictuel : il est vrai qu'il en existe un second, le rapport de causalité par rapport à celui qui en est l'auteur. Or c'est pour exprimer ce rapport de causalité que l'article 1382 introduit l'idée de faute ; on en a conclu que le fait délictuel était un fait impliquant la faute subjective et que cette dernière devait être prouvée, parce que la faute ne se présume pas.

38. — Que la faute subjective ne se présume pas, c'est de toute évidence : mais quelle apparence qu'il s'agisse ici de faute subjective, d'un fait de volonté à établir, alors que dans l'article 1383, lorsque l'auteur responsable n'apparaissait encore que comme l'auteur éloigné et très indirect du dommage causé, on se contentait d'un fait purement objectif d'imprudence ? Dans l'article 1383 il y avait une preuve à faire, parce que la participation de l'auteur responsable n'apparaissait pas ; dans l'article 1382 il n'y a plus de preuve à fournir parce que la participation de l'auteur responsable est d'ores et déjà démontrée et qu'elle apparaît non seulement comme constante, mais comme exclusive.

Nous sommes donc en présence ici d'un fait positif qui a été voulu et qui a causé un dommage. Est-ce que ce fait par lui-même ne se présente pas dans le monde des faits extérieurs comme un fait fautif, un fait qui, dans sa matérialité, est une faute ? Et qui donc s'y trompe ? le premier cri de la victime n'est-il pas pour protester en disant : « C'est votre faute ! » Attend-elle pour cela d'avoir recherché si vous pouviez prévoir ou non l'accident survenu ? Il lui suffit de se trouver en présence d'un fait volontaire dans sa matérialité : le fait matériel initial, celui dont est sorti le dommage causé, a été voulu ; donc ses conséquences se rattachent à un acte de volonté. Peu importe qu'elles aient été ou non prévues et voulues. Le fait apparaît à l'extérieur comme un fait voulu ayant produit des conséquences dommageables, c'est un délit civil. Voilà le vrai délit civil, analogue lui aussi au délit pénal, en ce sens qu'ils sont caractérisés tous deux par leur matérialité avant d'être analysés dans leur subjectivité. Ce cri de la victime auquel tout le monde eût fait écho : « C'est votre faute ! », voilà ce qu'a reproduit, par une sorte d'instantané pris dans la réalité des faits, emprunté à la vie et non pas déduitd'un raisonnement verbal, la formule de l'article 1382 : fait imputable à celui par la faute duquel il est arrivé, à celui par conséquent qui s'en est présenté comme l'auteur volontaire et direct, celui dont on a pu dire : « C'est votre faute ! »

Cela implique-t-il la preuve préalable d'une faute subjective, d'une analyse de la volonté et d'une recherche d'intention ? Pas plus que dans la conception juridique populaire qui surgit à la première manifestation d'un fait de ce genre il ne vient à l'idée de qui que ce soit de rechercher la faute personnelle avant de concevoir l'imputabilité des risques et comme condition même de la réparation à intervenir.

Historiquement, cet élément subjectif n'entrait même pas en ligne de compte, à l'époque primitive où la réparation civile ne se séparait pas de la réparation pénale : quiconque était l'auteur d'un dommage en subissait la peine. C'est contre cette imputabilité pénale, indépendante de toute idée de faute personnelle que la réaction idéaliste, rationnelle et spiritualiste, s'est faite. On est arrivé avec le progrès des mœurs et de la raison à poser ce principe : pas de peine sans une faute, pas de responsabilité pénale sans culpabilité subjective ? Mais quel rapport y a-t-il entre la responsabilité pénale et la responsabilité civile[76] ? Entre le fait d'expier

76. L'exposé le plus complet, et, juridiquement aussi, le plus précis et le

une faute et celui de supporter le risque de son fait personnel ? Absolument aucun.

On comprend donc, c'était logique et rationnel, que cette indépendance de l'idée de faute, écartée enfin en matière de responsabilité pénale, se soit maintenue, c'était la tradition coutumière, en matière de réparation civile. Tradition coutumière, c'est-à-dire tradition populaire, expression de la conception populaire : les conceptions scientifiques, faussées par l'influence, non pas du droit romain, mais des romanistes, ont pu changer ; la conscience populaire est restée ce qu'elle était. Et le Code civil qui a été, c'est là sa haute et incontestable supériorité, une œuvre de réalité vivante plutôt qu'une œuvre de doctrine scolastique, a recueilli ces traditions, consacré cette conception : le fait d'être l'auteur direct d'un dommage implique non pas responsabilité, si le mot responsabilité renferme une idée de volonté fautive, mais implique acceptation des risques et dette d'indemnité.

Pour tout le monde le fait volontaire qui porte préjudice à quelqu'un est un fait fautif, c'est une faute objective. Nous ne savons pas encore si l'agent sera admis à s'excuser et à se disculper ; mais ce qui est certain, et cette solution résulte, comme on l'a vu, du rapprochement des articles 1382 et 1383, c'est que la victime n'a pas d'autre preuve à faire ; il lui suffit, en présence d'un fait positif et volontaire, cause première et directe du dommage, d'établir le rapport de causalité entre le fait et son auteur : on ne lui demande en outre aucune autre preuve subjective, ni faute subjective à établir, ni même aucune faute objective d'imprudence au sens de l'article 1383. Le fait fautif, dans sa matérialité, existe et se trouve établi. Nous ne présumons aucune faute ; il s'agit d'une faute objective, et elle est prouvée. Cette première solution s'impose ; et cependant je ne sache guère que M. Pirmez qui, comme conséquence de certaines distinctions qui se rapprochent quelque peu, sans être identiques toutefois, de celle que j'expose ici d'après les textes mêmes du Code civil, ait proposé, en matière de preuve, un résultat à peu près analogue : la faute existe, la preuve est faite [77].

plus nettement présenté de toutes ces distinctions, toutes réserves faites au sujet de certains points de vue, se trouve dans Binding, *Die Normen* (Ed. 1890), I, §§ 58-59.

77. Pirmez, *De la responsabilité. Projet de revision des art. 1382 à 1386 du Code civil* (Bruxelles, 1888).

39. — Donc la première constatation à retirer de cette analyse juridique du fait délictuel de l'article 1382 ne touche encore qu'à la question de preuve : en présence d'un fait positif, cause première et directe du dommage, la victime n'a plus rien à prouver ; il y a, pour l'apparence au moins, faute objective existante et prouvée. Mais, ceci n'est encore que la surface, il faut aller plus au fond des choses. Le défendeur, l'auteur du fait, pourra-t-il se disculper en prouvant par exemple qu'il n'est pas en faute ? Quelles preuves ou quelles excuses lui seront permises ? C'est la seconde question à laquelle il importe de répondre, si l'on veut établir exactement de quoi l'auteur du fait va rester responsable : sera-ce de sa faute proprement dite, sera-ce de son fait ?

Il est un premier point qui dérive d'une façon certaine de l'idée de faute objective et de la formule de l'article 1382 : l'auteur responsable est celui par la faute duquel le fait est arrivé. C'est que le défendeur pourra, sous forme d'exception, arguer du cas fortuit et de la force majeure. Mais quand je parle du cas fortuit, il importe de s'entendre ; je n'entends pas ici le cas fortuit d'un fait personnel exempt de faute. C'est le sens que le mot doit avoir en général en matière d'obligation, et lorsqu'il s'agit d'inexécution d'obligation. La faute se mesure à ce qui a été promis, et au delà du domaine de la faute commence le domaine du cas fortuit. Mais il s'agit là du contenu de l'obligation mesuré et précisé par le contrat : ici nous n'avons plus rien de ce genre. Le cas fortuit c'est la négation du rapport de causalité personnelle, et pas autre chose. La faute objective, c'est forcément un fait volontaire : là où il y a cas fortuit, il n'y a plus fait volontaire, il n'y a plus, comme disait si bien M. Tarde[78], un fait d'appropriation personnelle qui soit vôtre et qui vous appartienne, comme un fait engageant votre responsabilité. Un cheval emporté vous heurte, sans que vous ayez eu le temps de vous mettre à l'écart, il vous renverse et dans votre chute vous causez, par contre-coup, un dommage matériel, vous n'en êtes pas l'auteur. Cas fortuit ou force majeure, ce sont des faits qui suppriment votre initiative, pour faire de vous un instrument purement passif, et comme l'agent de transmission d'une force initiale que vous avez subie sans la produire.

78. Cf. *suprà*, note 3.

Donc en prouvant le cas fortuit au sens que j'indique, non pas l'absence de faute, qu'on le remarque bien, mais l'absence de tout rapport de causalité personnelle, on a détruit l'objectivité de la faute; il n'y a plus faute objective au sens de l'article 1382.

40. — Mais pouvons-nous aller plus loin? Le défendeur sera-t-il autorisé à se disculper en prouvant l'absence d'imprudence de sa part? S'il en était ainsi, il faudrait dire alors en matière de fait positif (art. 1382), comme lorsqu'il s'agit de cause indirecte et lointaine (art. 1383), que c'est la faute, tout au moins la faute objective d'imprudence, qui fonde la responsabilité. Il n'y aurait de différence que quant à la preuve. La responsabilité de l'article 1382 aurait donc exactement le même fondement que celui de l'article 1383; or, c'est ce que le texte et la formule de l'article 1383 nous empêchent absolument d'accepter; car l'opposition ne saurait être plus nette et plus tranchée: ce qui fonde la responsabilité, d'un côté, c'est le fait, et de l'autre c'est l'imprudence, c'est la faute. D'un côté le fait dommageable à lui seul est déjà une faute, et une faute complète; de l'autre, le fait faisant défaut, il faut établir l'imprudence ou la négligence. Rien de plus simple et rien de plus clair.

Donc le seul fait, établi et prouvé par le défendeur, qu'il n'y ait aucune imprudence à lui reprocher ne suffit pas à détruire la notion de faute objective qui résulte de son fait personnel. Il n'a commis aucune imprudence, il n'en est pas moins l'auteur d'un fait volontaire qui a causé un dommage à quelqu'un.

Or, de quoi s'agit-il en matière de délits et de quasi-délits? S'agit-il à proprement parler de prononcer une peine fondée sur une sorte de culpabilité volontaire? Absolument pas: nous l'avons vu sur l'article 1383. Il s'agit d'imputer les risques d'un événement plus ou moins aléatoire d'après la part de participation de chacun.

Dans l'hypothèse de l'article 1383 il s'agit de participation indirecte et lointaine, il était inadmissible de lui imputer tous les risques, sans autre preuve. Avant tout, les risques sont pour l'auteur du fait immédiat et direct qui a causé le dommage; pour les faire remonter plus haut il faut pouvoir les rattacher à une imprudence, à un fait irrégulier et anormal; il faut que cette participation lointaine constitue, dans son objectivité, un fait anormal, contraire aux usages, donc une imprudence. Il n'y a qu'à cette condition qu'on puisse être autorisé à lui rattacher des risques indirects et lointains qui ne dépendent de ce fait que par l'intermédiaire d'une cause étrangère qui s'est trouvée intervenir.

Mais lorsqu'il y a participation immédiate et directe, à qui donc imposer les risques si ce n'est à celui dont le fait a été la cause exclusive et génératrice du risque? Au point de vue de l'idée de risques ce fait reste encore une faute, en ce sens qu'il exprime un rapport de causalité volontaire qui par lui-même et en lui-même était susceptible de causer des risques. Etre en faute au point de vue de l'idée de risques, ce n'est pas être coupable dans sa volonté, c'est uniquement s'être approprié volontairement un fait qui pouvait engendrer des risques. La faute, au point de vue de l'idée de risques, c'est tout fait qui se présente en lui-même, et au point de vue objectif, comme susceptible de risques[79]. Ce sera donc sans doute le droit commun, et le cas de tout fait émanant de l'activité individuelle; car en général toute activité qui entre en contact avec le monde extérieur est une activité qui risque quelque chose et qui accepte cette part d'inconnu qui dérive de la complexité de la vie et qui est la condition même de toute initiative ici-bas.

41. — Donc, on peut, très régulièrement et très légitime-

79. Au moment où cette idée commence à se laisser entrevoir plus ou moins confusément, nous trouvons un aveu bien curieux, sous une forme un peu naïve, il est vrai, et dont on s'est quelque peu moqué, de la conception instinctive que j'essaie de dégager ici, aveu formulé par une juridiction allemande, lorsque la doctrine, un peu désemparée par les transformations du monde moderne, commençait à s'attaquer à cette grosse question des accidents de chemin de fer. On sentait d'instinct qu'il fallait ici une solution très nette, rien qui laissât prise à la complication des recherches subjectives : il fallait écarter la preuve de la faute. Alors une juridiction allemande s'en tire par une déclaration jugée héroïque : le fait seul d'employer une locomotive est une faute ! il n'y a plus d'autre preuve à fournir. Donc par avance tous les risques sont à la charge de la compagnie. On en a beaucoup ri et peut-être en rit-on encore. En réalité, cette Haute cour allemande ne disait pas autre chose que ce que j'ai essayé de dire ici, avec une différence toutefois. Elle entendait cela de la faute personnelle et subjective au sens du droit romain ; et je l'entends au sens purement objectif, d'un fait constitutif de risques. Mais rien n'est plus curieux que ce détour pour aboutir à une vérité de bon sens que les transformations économiques et sociales imposaient absolument. On sentait que la solution s'imposait ; mais on voulait à tout prix la rattacher aux formules traditionnelles. Nous aussi, nous sentons que la solution s'impose et qu'il faut l'admettre coûte que coûte ; seulement comme nous croyons indispensable de mettre les idées d'accord avec les faits, nous demandons que l'on transpose les formules (cf. mon livre sur l'*Obligation*, n° 325, p. 377).

ment, n'avoir commis aucune imprudence, aucun fait qui soit irrégulier ou anormal en lui-même, et cependant avoir été l'auteur d'un fait qui comporte des risques, et qui, tout en étant parfaitement conforme aux usages et aux exigences de la vie, puisse être qualifié de fait hasardeux ou aventureux.

Est-ce que ce ne sera pas, dira-t-on, le caractère de tout acte de l'individu de comporter des risques ? Oui et non. Il y a des actes qui impliquent par eux-mêmes qu'on a dû, au point de vue même de la justice, accepter les risques, et des actes qui impliquent qu'on a tout fait pour les écarter et qu'il y aurait injustice à les subir. Que l'on suppose quelqu'un qui s'est entouré de toutes les précautions possibles, même de celles que la prudence ordinaire ne lui imposait pas ; non seulement il a été exempt de faute, mais il a fait prévaloir les garanties à prendre sur le but même à poursuivre. Le but de l'activité, c'est d'atteindre un résultat ; il y a une façon normale et courante de l'atteindre qui comporte toute la somme de précautions usuelles compatibles avec le but à poursuivre ; puis il peut y avoir un surcroît de garanties qui ne sont pas dans les usages ordinaires et courants parce que, pour éviter une chance presque improbable, ils auraient pour effet de compromettre tout le résultat poursuivi. Si donc ce surcroît de garanties a été pris, on ne peut plus dire du fait auquel il correspond que c'est encore un fait d'appropriation des risques, c'est un fait de rejet absolu des risques. La justice et l'équité doivent l'accepter tel qu'il se présente dans sa matérialité. En pareil cas l'objectivité fautive et délictuelle du fait a totalement disparu, non seulement au point de vue de l'idée d'imprudence et de faute de négligence, mais au point de vue même de l'idée de risques et d'acceptation des risques. Le caractère de faute objective résultant du dommage réalisé se reliant à un fait positif qui en ait été la cause a fait place à l'objectivité d'une diligence extrême qui écarte à la fois l'idée de faute et l'idée de risques : le délit civil a disparu.

42. — En résumé, le délit civil de l'article 1382 est fondé sur la matérialité du fait : il implique un fait qui par lui-même, et en raison des circonstances dans lesquelles il s'est produit, est l'expression d'une activité qui a fait au hasard sa part, et qui par suite a endossé une part corrélative de responsabilité. Pour écarter cette responsabilité et détruire cette objectivité du délit, il faut donc faire apparaître sous un nouveau jour la matérialité du fait : il faut détruire l'extériorité de la faute, détruire ce qui dans la matérialité du fait implique acceptation des risques, pour lui substituer l'acte d'un homme bien prudent, et bien habile, très circonspect et très craintif, qui a voulu écarter toutes les mauvaises chances et qu'il y aurait en effet injustice flagrante à soumettre aux risques du fait plutôt que celui-là même qui en a été la victime : il a été lui-même l'incarnation d'un cas fortuit ou d'une force majeure pour le malheureux qui a subi l'accident; et ces cas de force majeure, c'est la part de hasard inévitable dans la vie, il faut les supporter. Celui sur qui tombe la foudre ne peut s'en prendre à personne.

Et l'on voit pourquoi maintenant je ne puis pas, tout en mettant la preuve à la charge du défendeur, parler de présomption de faute, c'est que sa responsabilité est impliquée même en dehors de toute faute proprement dite : et qu'il suffit pour qu'elle soit encourue d'un fait d'activité impliquant des risques à courir; or n'est-ce pas le fait normal de toutes les manifestations d'activité émanant de l'homme? C'est tout au moins le seul qui réponde aux exigences et aux habitudes de la vie moderne; et je n'imagine pas que le droit soit fait pour régler des rapports de vie tels qu'on pourrait les concevoir en se reportant à un siècle en arrière, mais pour faire face aux nécessités juridiques de la vie telle que pour chaque époque elle est actuellement vécue. Si telle est donc la règle, le reste est l'exception : et à celui qui invoque l'exception à l'établir[80]; et de même pour le cas fortuit au sens étroit du mot et la force majeure; cas absolument exceptionnels et anormaux du moment qu'on se trouve en présence d'un acte émanant d'une volonté au moins apparente et libre.

43. — Telles sont donc les trois étapes que nous avons parcourues : la non-intervention qui ne soit jamais susceptible d'être une cause même lointaine du dommage, ici il n'y a jamais de responsabilité. Un individu en voit un autre absorber une boisson et il aurait pu se douter que le malheureux va boire un mélange empoisonné. Mais son imprudence à lui, simple témoin, n'est en ce qui touche le fait qui se réalise dans aucun rapport de causalité juridique même éloignée.

80. Sur ces procédés d'interprétation en matière de preuve, voir *Annales de droit commercial*, 1893, pp. 185 et suiv.

Le second degré est celui d'un fait de participation éloignée, qui soit la cause seconde et indirecte de l'accident ; il ne peut fonder de responsabilité civile que s'il constitue au moins un fait objectif d'imprudence ou de négligence. Si vous avez laissé vous-même à la disposition des autres la bouteille empoisonnée que va boire votre domestique, c'est votre imprudence qui est la cause seconde de l'accident. Le simple fait ne suffirait pas : que l'on suppose toutes les précautions prises, la bouteille en lieu sûr, portant au besoin une étiquette révélatrice, le malheureux n'a rien vu et a bu tout de même. Ce sera sans doute le fait de son maître qui aura été la cause seconde de l'accident, mais ce n'est plus un fait d'imprudence : s'agissant de participation indirecte, il n'y a plus de responsabilité, et ici en effet rien n'est plus juste (art. 1383, C. civ.).

Enfin il y a un troisième degré, celui de la participation directe réalisée par un fait positif qui entre directement en contact avec la personne ou la chose endommagées (art. 1382) : il suffira ici de la faute objective, c'est-à-dire d'un fait de risques, un fait impliquant des risques et devant les supporter. Plus rien à prouver de la part de la victime, mais d'autre part plus d'excuse possible au profit du défendeur fondée sur le défaut d'imprudence. Ce serait le cas, pour continuer mon exemple, où le maître lui-même se trompant de bouteille eût versé du poison au lieu de vin ; il aurait beau n'avoir aucune imprudence à se reprocher ; il avait du poison chez lui, et se trouvait exposé à le manier et à s'en servir. Il y a là des risques qui lui incombent.

Mais à ce troisième degré ne s'arrête pas la théorie du délit civil et du quasi-délit dans le Code civil : il reste une quatrième étape à franchir ; ou plutôt cette catégorie finale n'est guère qu'un nouveau domaine d'application de la faute objective de l'article 1382 ; il s'agit alors de la sphère spéciale de l'article 1384. Il est des aménagements matériels, des relations d'homme à homme, ou d'homme à choses, qui sont tels que par eux-mêmes et par leur matérialité ils impliquent l'idée de risques et fondent l'obligation aux risques. La loi ne permet plus qu'on soit admis à prouver qu'ils ne constituaient pas un fait de risques et une activité emportant des risques. Sans autre preuve ils fonderont la responsabilité. C'est l'hypothèse entre autres de l'article 1384 ; et nous en avons vu l'application aux accidents provenant de l'outillage industriel.

44. — Dans toute cette importante théorie nous n'avons donc eu en vue que le fait dans sa matérialité, c'est-à-dire pris au point de vue objectif. C'est le seul point de vue dont en effet il y ait à tenir compte lorsqu'il s'agit de fonder la responsabilité : les distinctions prises du point de vue subjectif sont à cet égard parfaitement indifférentes. Peut-être y aura-t-il lieu d'en tenir compte lorsqu'il s'agira de mesurer les dommages-intérêts, et lorsqu'il s'agira de ce que l'on pourrait appeler l'individualisation de l'indemnité. C'est alors en effet qu'il pourra y avoir à distinguer suivant qu'il s'agit de faute intentionnelle, de faute d'imprudence, ou de faute purement objective, c'est-à-dire de risques. Mais, en tant qu'il y a lieu uniquement de fonder le droit à indemnité, toutes ces nuances sont parfaitement superflues.

J'ajouterai enfin, pour ce qui est de la terminologie, et c'est la conclusion qui résulte de toute cette construction juridique, que les termes de délit et quasi-délit n'ont été nulle part précisés par la loi et que c'est un peu une affaire de pure convention d'en fournir la définition : je ne vois aucun inconvénient à réserver le nom de délit au dommage intentionnel, et celui de quasi-délit au dommage d'imprudence là où l'imprudence aura été prouvée, sauf à garder le nom de risques ou de faute purement objective aux différentes hypothèses où la responsabilité serait fondée sur un simple rapport de fait, un rapport de causalité, sans autre preuve subjective. Toutefois il me semble plus conforme aux dispositions du Code civil d'étendre la notion de délit, en dehors de toute considération subjective, à tous les faits prévus par les articles 1382 et 1383 ; il semble bien en effet résulter de l'ensemble de nos textes que pour le Code civil le type du délit civil c'est le délit de l'article 1382, sans distinction entre le fait et la faute ; et d'autre part l'article 1383 lui assimile expressément le fait d'imprudence tel qu'il le prévoit. Le quasi-délit serait donc le simple fait de responsabilité considéré comme une pure obligation légale en dehors de toute idée de faute ou de fait positif, cause directe de l'accident, et dont le type se trouverait surtout dans l'article 1384. Mais il n'y a là qu'une question de terminologie au sujet de laquelle il suffit de s'entendre, et qui ne touche pas au fond des choses.

§ B.

45. — J'ai essayé de montrer par l'interprétation exégétique du texte, et à s'en tenir à l'examen uniquement des articles 1382 à 1384, comment se révélait dans notre droit l'idée d'un délit civil caractérisé uniquement par ses éléments objectifs et indépendamment de toute recherche d'intention ou de volonté.

On a vu les conséquences principales que l'on pouvait déduire de cette conception nouvelle.

La première concerne la preuve ; et en ce qui touche le rôle des parties en matière de preuve j'ai indiqué l'idée d'une distinction fondamentale suivant que le dommage résulte directement du fait de celui que l'on veut en rendre responsable ou qu'il n'en est qu'une suite plus ou moins indirecte : dans le premier cas la preuve de ce fait positif et direct émanant du défendeur suffit, en principe, pour servir de fondement juridique aux dommages-intérêts, et sous réserve des preuves que le défendeur peut avoir à fournir au sujet de l'appréciation objective et matérielle du fait ; dans le second cas la cause immédiate et directe du dommage n'étant plus imputable au défendeur, pour faire apparaître le rapport de causalité qui relie le dommage à un fait émanant de lui, il y aura donc une preuve à fournir, et cette preuve sera en effet la preuve d'une faute d'imprudence, d'omission ou de négligence de sa part.

Il va de soi enfin, et je me suis contenté d'indiquer ce rapprochement [81] sans avoir à y insister ici, les détails m'entraîneraient trop loin, qu'il en serait de même si l'auteur du dommage, bien qu'il en eût été l'auteur direct, par suite d'un fait positif émanant de lui, n'eût fait qu'user en pareil cas d'un droit qui lui fût légalement reconnu. Là où le fait générateur du dommage consiste dans l'exercice d'un droit, pour fonder la responsabilité de son auteur, il faut détruire le caractère de légitimité qui constitue l'apparence du fait réalisé et qui jusqu'à preuve contraire lui fournit comme son objectivité légale. C'est donc au demandeur à faire apparaître la faute sous le couvert de l'exercice du droit ; et il y

81. Cf. *suprà*, not. 75.

aurait sous ce rapport deux cas à distinguer : celui où le fait constitue l'exercice d'un droit positif exercé dans les conditions mêmes où la loi l'a prévu et consacré, auquel cas, quelle que fût l'intention de l'agent, et quel que fût le dommage réalisé, aucune responsabilité ne saurait être engagée ; et le cas au contraire où l'on ne fait qu'user d'une faculté générale comprise dans un droit plus complexe admis ou reconnu par la loi, mais sans que la loi eût réglé la façon de l'exercer et sans qu'elle eût entendu se porter garante de tous les abus qui pourraient en être faits ; auquel cas c'est par l'usage abusif ou par l'intention de nuire que se caractériseront le délit civil et par suite le fondement de la responsabilité.

On pourrait citer comme exemple de la première hypothèse le cas où en matière de louage on eût donné congé dans les délais légaux, ou dans ceux admis par l'usage, ce qui constituerait l'exercice d'un droit positif exercé dans les conditions mêmes consacrées par la loi ; et, comme exemple du second, il faudrait faire rentrer toutes les facultés rentrant par exemple dans l'exercice du droit de propriété, ou encore tout ce qui est exercice pur et simple des facultés légales admises comme conséquence de la liberté civile, par exemple au cas d'action en justice intentée sans droit et uniquement par malveillance. Mais il s'agit là de questions un peu différen es qui viennent se greffer sur la construction doctrinale que j'ai voulu esquisser, sans en modifier le principe. Il y aurait toute une étude nouvelle à faire à ce sujet. J'ai voulu seulement indiquer comment, au point de vue des questions de preuve, toutes ces questions se reliaient à la théorie générale sur l'article 1382.

46. — J'ai indiqué aussi, comme seconde conséquence, l'intérêt qui se présente en ce qui touche les preuves laissées à la disposition du défendeur, au cas où c'est par un fait positif émanant de lui que le dommage s'est réalisé : il ne peut écarter la responsabilité qui lui incombe que de deux façons, en détruisant le rapport de causalité qui fonde contre lui le droit de la victime, et il faudrait pour cela qu'il fît apparaître l'intervention d'une cause étrangère à lui dont il n'eût fait que transmettre le contre-coup : ce serait le cas fortuit au sens étroit du mot ; ou encore qu'il modifiât la qualification du fait en détruisant l'objectivité qui le caractérise et en le faisant apparaître comme un fait qui ne dût comporter comme accessoire aucun risque qui en fût la dépendance : le fait normal est le fait qui comporte des risques ; il faudrait prouver qu'il s'agit d'un fait exclusif de risques.

47. — Enfin si cette théorie objective écarte les recherches d'intention, les analyses de volonté et toute idée de responsabilité plus ou moins atténuée ou partielle, elle se rattache cependant à un fait volontaire, qui est le fait dont le dommage n'a été que la conséquence ultérieure. La théorie subjective ne se contente pas d'un fait voulu par l'agent, elle exige que l'agent ait pu en prévoir les conséquences dommageables et elle recherche s'il est en faute de ne les avoir pas prévues. Dans la théorie objective, nous nous arrêtons au fait que l'agent a réalisé et qu'il a voulu réaliser ; nous coupons la communication lorsqu'il s'agit de pousser l'analyse au regard des conséquences qui l'ont suivi. Un individu se met à courir, et s'il court trop fort, il lui arrivera de heurter les passants et de les renverser : le fait voulu par lui c'est de se mettre à courir, nous nous en tenons là. Nous ne faisons pas porter la faute sur les conséquences possibles qui pourront en résulter ; de même pour le cocher dont le cheval cause un accident, de même pour le bicycliste [82]. Nous n'allons pas au delà du fait de conduire une voiture ou d'aller à bicyclette. Si donc il s'agit encore d'un fait voulu, et s'il faut qu'il y ait fait voulu pour qu'il y ait faute et même faute objective au sens de l'article 1382, il faudra, comme dans la théorie classique, que ce fait émane d'un individu capable de responsabilité. Mais cette responsabilité virtuelle sera suffisante ; tout examen psychologique sur l'état de responsabilité vraie de l'individu, toute idée d'atténuation de responsabilité, tout cela reste écarté ; tandis que je ne vois pas comment on pourrait, dans la théorie subjective, ne pas tenir compte de tous les degrés possibles de la responsabilité, puisque c'est le degré de faute subjective qu'il faut peser et apprécier.

48. — Mais il ne suffit pas d'avoir établi la théorie objective sur les textes spéciaux de la matière ; il ne suffit pas d'en avoir fait la construction juridique avec toutes les conséquences qui s'y rattachent ; il faudrait montrer en outre comment cette théorie se trouve en harmonie avec l'ensemble même de notre droit et comment on peut dire que le Code civil

82. Cf. *suprà*, not. 70.

lui-même dans ses précédents comme dans ses dispositions actuelles, la suppose existante et l'implique par le fait même.

Je me contenterai sur ce point de quelques aperçus qui me paraissent suffisants pour constituer un ensemble de tendances convergentes d'où résulte une impression favorable, le seul genre de preuve auquel on puisse prétendre dans cet ordre d'idées.

49. — Je rappellerai tout d'abord certaines définitions anciennes qui ne laissent apparaître que le caractère purement objectif de l'idée de faute. Je les trouve dans Doneau, le grand initiateur parmi les anciens. Il définit la faute dans des termes auxquels notre article 1382 semble avoir été emprunté et qui, pas plus que lui, ne laissent apparaître aucune idée de recherche subjective [83]: C'est tout fait non prévu et exercé sans droit qui a causé dommage à autrui, *culpa est omne factum inconsultum quo nocetur alii injuria* ; donc une qualification matérielle du fait, un fait qui n'a pas été prévu, et l'on sous-entend qu'on aurait pu prévoir, et un fait qui ne soit pas l'exercice d'un droit positif. Par suite ce qui caractérise le fait constitutif de faute et ce qui le distingue du cas fortuit, c'est qu'en soi les conséquences auraient pu en être prévues : le cas fortuit est celui que personne n'eût pu prévoir : *casus vero fortuitus est qui non potuit provideri.* Cela veut-il dire que subjectivement l'auteur de la faute est coupable de négligence de n'avoir pas prévu les conséquences de son fait? Cela supposerait une recherche individuelle relative à chacun et à chaque espèce : la définition de Doneau exclut tout cela, car pour lui ce qui distingue la faute du cas fortuit c'est que dans le premier cas il eût été humainement possible de prévoir les conséquences du fait *ibi solum culpa est, ubi quod humano captu provideri potuit, non est provisum.* Quant à savoir si dans l'espèce et individuellement cette prévision était possible il ne se le demande pas, c'est une appréciation purement abstraite ; et tout cela est confirmé par la définition qu'il donne de la faute en matière de dépôt ; c'est tout fait positif ou d'omission qui a endommagé la chose : *culpa est quicquid factum, omissumve est, propter quod in damnum incidit res amissa, aut deterior facta est* [84].

83. DONEL, *De Jure civili*, lib. XVI, cap. VII (Edit. Macerata, 1830, t. 4, p. 602).

84. Ad Tit. XXXIV, lib. IV (*C. Dep. vel contrà*), t. 8, p. 400.

Ne semble-t-il pas que notre article 1382 ne fasse que reproduire ces formules ? Et ne pourrait-on pas rattacher déjà à ces définitions toute la théorie du risque professionnel ? N'est-il pas, lui aussi, un fait qu'on prévoit, un fait qui se caractérise au point de vue abstrait, par la prévision qu'on doit en avoir, dès qu'on prend l'entreprise d'une industrie ? c'est la définition même de la faute telle que Doneau nous la donne, par opposition au cas fortuit. Et c'est également la faute de la formule de l'article 1382, c'est enfin la définition exacte qu'on avait donnée de la faute en Allemagne à propos du fait pour une compagnie de transport de se servir d'une locomotive. C'est un fait de risques, où forcément les risques sont à prévoir, donc c'est une faute [85].

50. — Et si nous recherchons maintenant dans l'ensemble du Code civil quelques applications expresses ou sous-entendues de l'article 1382, c'est encore ce côté purement objectif du fait qui va nous apparaître. La plus frappante est celle que nous offre l'article 1599 prononçant des dommages-intérêts pour nullité de contrat, par le seul fait qu'il y a eu vente de la chose d'autrui et sans qu'il y ait à distinguer si le vendeur était ou non en faute : c'est la conséquence d'un fait pur et simple ; il a vendu ce qui n'était pas à lui, il a pu causer un dommage à l'autre partie. On ne recherche pas si, ce dommage, il aurait pu le prévoir ou non ; il doit réparation.

J'ai indiqué ailleurs que l'on pourrait y voir une application d'une théorie un peu différente, celle d'une indemnité qui ait pour base les obligations et égards réciproques que se doivent les parties entrant l'une avec l'autre en rapport d'affaires et de contrat, ce qui laisserait encore à la faute commise un caractère conventionnel, l'idée d'une origine conventionnelle en dépit de la rupture, de la nullité ou de l'inexistence, du contrat que les parties se proposaient [86]. Mais on ne peut attribuer au rédacteur du Code civil une conception qui n'a été mise en avant que beaucoup plus tard, par Ihering [87].

85. *Suprà*, not. 70.
86. *Obligation*, n° 161, p. 170-171.
87. Ihering, *Culpa in contrahendo*. Et encore, même dans la théorie de Ihering, qui veut en pareil cas retrouver la notion de faute contractuelle, il arrive que la réalité des faits et la force des choses l'obligent parfois à ne tenir aucun compte de la question de savoir s'il y a véritablement eu négligence ou non ; si bien que Ihering a dû admettre qu'on la présumerait. Au fond, c'est reconnaître implicitement qu'il doit y avoir là un cas de respon-

Nous pouvons nous l'approprier et en faire notre profit aujourd'hui. Mais il est certain que le Code civil, en accordant des dommages-intérêts pour nullité de contrat, n'a pu avoir en vue que la faute délictuelle, le contrat étant nul et ne s'agissant plus de son exécution. C'est une faute délictuelle sans aucune recherche de faute objective, en dehors de ce fait volontaire, la vente de la chose d'autrui : Responsabilité de plein droit et sans autre preuve, c'est la thèse même que j'ai soutenue.

51. — Rapprochons de cette hypothèse le nouvel article 1780 sur la résiliation du louage de services à durée indéterminée. Là aussi il peut y avoir lieu à dommages-intérêts : c'est encore la même formule. Cela veut-il dire que la responsabilité est acquise dès que le préjudice est prouvé ? Ce serait exactement comme au cas de l'article 1599. Cela veut-il dire que, même cette preuve faite, il en faudrait une autre, celle de la faute impliquée dans la résiliation ? Cela doit dépendre de l'idée qu'il y ait lieu de se faire de cette résiliation particulière : est-ce l'exercice d'une faculté légale analogue à celles dont je parlais tout à l'heure et qui ne peuvent donner lieu à responsabilité que si la faute est prouvée ? Est-ce une faculté ayant le caractère d'un acte qui constitue l'exercice de la liberté individuelle, n'impliquant plus qu'il s'agisse d'un droit positif concédé par la loi, mais qui soit un fait réalisé à ses risques et périls ? Ce seul fait à lui seul, en tant que fait positif cause directe du dommage, deviendrait un fait dommageable impliquant responsabilité au sens de l'article 1382 ; sauf au patron à rejeter quant à lui le rapport de causalité qui engage sa responsabilité, en attribuant la cause de la résiliation au fait ou à la conduite, et par conséquent à la faute, de l'ouvrier.

Ce n'est pas ici le lieu de prendre parti sur la question : elle se rattache à la conception même que l'on doit se faire suivant les cas du contrat de travail. Là où il constitue un contrat au sens classique du mot, il n'est pas contestable que, le droit de résiliation dérivant du contrat, il ne constitue un droit véritable au profit du patron, et que, pour lui en reprocher l'usage, il faudrait démontrer l'abus qu'il en fait et

sabilité purement objective (Cf. ce que dit à ce sujet MUNROE SMITH, *Four german Jurists*, dans *Political science Quarterly*, 1897, p. 40).

par suite l'intention préjudiciable qui l'a inspiré[88]. Mais si l'on croit dans certaines hypothèses, en matière de grande industrie, par exemple, que les engagements sont autre chose que de libres et classiques conventions au sens traditionnel du mot : si ce sont des contrats un peu au sens du fameux contrat social suivant lequel chaque citoyen est censé avoir adhéré à sa nationalité, il va de soi que le droit de résiliation n'est plus qu'une faculté que le patron exerce à sa guise parce qu'il est maître chez lui et qu'il faut qu'il puisse faire la loi. C'est un fait de pure liberté de sa part analogue à toutes les facultés naturelles qu'il exerce à ses risques et périls ; c'est un fait de risques ; s'il s'ensuit un dommage pour autrui, qu'il le supporte. Il lui restera à prouver que le fait de l'ouvrier avait motivé son renvoi, c'est autre chose.

Sur tous ces points je n'ai pas à prendre parti ici ; mais je tenais à faire ces distinctions parce qu'il y a eu dans la jurisprudence une très forte tendance à consacrer le droit aux dommages-intérêts sans tenir compte de l'idée de faute.

On a protesté en alléguant qu'il s'agissait ici de l'exercice d'un droit et qu'il fallait alors faire apparaître la faute caractérisée par l'intention dommageable, ou, pour être plus exact, par la volonté de nuire.

Quelle que soit la solution adoptée, on voit comment elle se rattache à l'ensemble de la théorie objective que j'ai exposée sur l'article 1382 : ce sont les deux faces mêmes du système dont j'ai esquissé la construction juridique qui se trouvent en quelque sorte proposées, suivant la divergence des points de vue.

C'est une théorie objective qui est au fond de toute cette discussion.

52. — Théorie objective également le système admis par certaines législations étrangères en ce qui touche la demeure du créancier : le créancier refuse d'accepter ; il prolonge par le fait même l'obligation du débiteur, qu'il en supporte les risques. Voilà toute la théorie de la demeure du créancier. Va-t-on distinguer pour cela s'il est en faute ou non d'avoir retardé l'exécution ? On l'avait proposé en Allemagne. C'é-

88. Cf. SAUZET, *Étude sur le nouvel article* 1780 *du Code civil*, n. 27 et suiv. dans *Annales de droit commercial*, 1891, p. 101 et suiv. Voir sur ce point, et en des sens divers, une note de M. PLANIOL dans Dal. 92.2.489 et BODEUX, *Contrat de travail*, p. 87.

tait se méprendre sur le fondement de la responsabilité ; il ne s'agit plus d'une faute dans l'exécution d'une obligation, mais d'un fait qui est en dehors de l'obligation, qui est étranger à son contenu et qui a pour résultat d'aggraver l'obligation du débiteur. Que le créancier, dans tous les cas, qu'il y ait de sa faute ou non, en supporte les risques[89]. On voit donc comment le principe même de l'article 1382, au sens que je lui ai attribué, suffirait à lui seul à la construction chez nous d'une théorie de la demeure du créancier.

53. — A plus forte raison cette idée de risques nous paraîtrait-elle dominante si nous voulions parler de la faute dans les contrats : il ne s'agit plus en pareil cas que d'un règlement conventionnel des risques. Les parties sont censées en avoir réglé entre elles la répartition, suivant que l'obligation du débiteur sera plus ou moins étroite.

Aussi ne serait-il pas difficile de trouver des exemples — les textes Romains nous en fournissent à propos du mandat et de la société, — où, sous prétexte de faute, la responsabilité est purement objective et fondée sur un fait n'impliquant aucune imputabilité individuelle en dehors du rapport de causalité qui le rattache à son auteur. Il s'agit de risques[90].

54. — Cette répartition en somme, qui est laissée à la convention en matière de contrat, doit forcément revenir à la loi, organe de l'équité, lorsque le dommage se réalise en dehors de toute convention préalable.

C'est donc toujours la même idée qui domine tout l'ensemble du droit civil : chacun peut agir librement et user comme il l'entend de sa liberté ; mais en dehors de l'exercice d'un droit dont il use conformément aux prévisions de la loi, sa liberté comporte des risques : qu'il les supporte.

La théorie subjective est une théorie individualiste qui part de l'idée de l'individu comme s'il était seul au monde et qu'il n'eût à s'occuper que de lui. Pour fonder sa responsabilité, il faut chez lui une volonté coupable : c'est alors seulement que la loi lui demande compte de ses actes. C'est bien en effet le

89. *Code civil allemand*, art. 293 ; cf. mon livre sur l'*Obligation*, n. 38 et suiv. ; p. 30 et suiv. ; p. 31, not. 1.

90. V. Ihering, *Culpa in contrahendo* (dans la Revue d'Ihering, *Iahrbücher für die Dogmatik*, t. IV, 1861, p. 36 et suiv. ; dans ses mélanges, *Gesammelte Aufsätze*, t. Ier, p. 358 et traduction Meulenaëre, *Œuvres choisies*, t. 2, p. 34 et suiv.).

point de vue pénal ; mais ce serait faux d'en faire le fondement de la responsabilité civile.

La théorie objective est une théorie sociale qui considère l'homme comme faisant partie d'une collectivité et qui le traite comme une activité aux prises avec les individualités qui l'entourent. Je ne sais rien de faux et parfois d'humiliant comme cette idée de faute mise en avant pour les moindres actes de notre activité et les moindres manifestations de notre liberté. On qualifie d'imprudence ce qui est le fait ordinaire de tous ceux qui agissent ; le malheur qui a fait qu'un accident est survenu devient une faute et un délit. En réalité, neuf fois sur dix, ceux qui parlent de faute, et les magistrats les premiers, savent que tout le monde en aurait fait autant ; seulement les autres auraient eu la chance de ne faire de mal à personne. C'est une question de hasard et non une question de faute. S'il en est ainsi, appelons donc les choses par leur nom. Laissons cette idée de faute de côté, et disons tout simplement, ce qui sera plus équitable au point de vue social, et plus conforme à l'idée même de la dignité individuelle, que chacun en agissant court des risques, et que là où un malheur arrive par suite d'un fait volontaire et libre, l'auteur du fait paiera les risques : c'est le prix de la liberté, et c'est également la formule, j'ai essayé de le démontrer, de l'article 1382.

VIII

55. — J'ai essayé d'édifier une théorie objective de la responsabilité délictuelle ; j'ai montré comment cette théorie concordait avec les textes et se trouvait en harmonie avec l'ensemble du droit civil. Quelques mots suffiront pour la justifier au point de vue théorique, c'est-à-dire pour la mettre en harmonie avec les principes généraux du droit et surtout avec l'évolution que présentent actuellement tout le mouvement et tout le progrès juridique.

La théorie subjective classique est fondée sur deux idées ; la première sur ce principe qu'il n'y a pas de responsabilité sans une faute, et la seconde sur cet autre principe que, là où manque la faute, il ne peut plus être question que de risques ou de cas fortuits, et que les risques sont pour le propriétaire, là où il s'agit de dommage patrimonial, ou alors pour la personne elle-même, là où il s'agit d'accident ou de blessures à la personne [91].

Que la responsabilité soit fondée sur l'idée de faute c'est le point de vue pénal ; et il est certain que ce principe s'imposerait encore s'il s'agissait de frapper d'une peine privée l'auteur d'un dommage. Historiquement, et au point de vue romain, telle a été en effet l'origine première de toute cette théorie du délit civil ; elle ne s'en est jamais complètement dégagée.

Mais là n'est pas la question : un dommage se produit, il s'agit de savoir qui doit en supporter le préjudice pécuniaire. Agir c'est courir des risques, la vie n'est faite que de cela ; il s'agit de savoir comment les répartir entre ceux qui les subissent. Ce n'est plus une question de faute, c'est une question d'équité sociale.

Que les risques puissent être supportés par celui qui n'est pas en faute, c'est ce que nous voyons tous les jours en matière de contrat ; c'est la convention des parties qui règle la répartition des risques, et à défaut de convention expresse la loi fait cette répartition, d'après les conventions présumées ou plutôt d'après sa propre conception de l'équité contractuelle. En matière de contrat ce n'est pas l'idée de faute qui domine lorsqu'il s'agit de la répartition des risques, c'est la convention ou en dernier ressort le point de vue de l'équité. Donc c'est le même point de vue à plus forte raison qui doit régir toute la matière lorsque le dommage se produit en dehors de tout contrat, ou plutôt lorsqu'il a pour objet tout autre chose que l'inexécution d'une obligation. Il s'agira alors, non plus d'équité contractuelle, mais d'équité sociale. Entre deux individus dont l'un, même sans sa faute, a causé un accident personnel ou une perte patrimoniale à l'autre et dont ce dernier s'est trouvé être la victime, qui doit supporter la charge pécuniaire et sur quel patrimoine doit retomber en dernier lieu la perte définitive ? telle est exactement la formule du problème. La question de faute n'a rien à voir à la question.

56. — C'est alors, comme solution du problème, que se présente le second principe mis en avant par la théorie classique : en ce qui touche la répartition des risques, et au point

91. Voir pour le développement et la réfutation de la doctrine classique, Mataja, *loc. cit.*, p. 19 et suiv.

de vue de la conception juridique comme à celui de l'équité sociale, là où il n'y a pas de faute, les risques sont pour le propriétaire : c'est le propriétaire qui supporte le cas fortuit ; or le fait d'autrui, là où manque la faute, n'est plus qu'un cas fortuit, donc c'est au propriétaire à le subir. C'est la condition même de la propriété et comme la contre-partie des avantages qu'elle procure. Il est vrai que là où il ne s'agit plus de perte patrimoniale, mais de dommage à la personne, on est obligé d'assimiler la personnalité à la propriété, et, si j'osais dire, la propriété de son corps à la propriété de ses biens. A chacun de se garder soi-même comme au propriétaire de garder ce qui lui appartient ; le fait d'exister comporte des risques et l'existence, comme la propriété, subit des cas fortuits.

Mais c'est précisément cette assimilation qui suffit à révéler le point faible de tout ce système ; ce n'est pas le fait d'exister qui comporte des risques, c'est le fait d'agir. L'existence considérée à l'état passif subit les coups ; mais considérée à l'état actif elle les donne. Qui donc osera soutenir qu'entre celui qui les porte et celui qui les reçoit la responsabilité de la perte, et la charge définitive du dommage, doivent être pour le second et non pour le premier ?

On répond que faire des risques l'accessoire et comme la conséquence de l'activité au lieu de la rattacher au seul fait de vivre et d'exister, c'est entraver l'initiative et l'action loin de les favoriser, comme c'est la tendance moderne. Et moi-même, en présentant toute cette théorie objective, qu'ai-je donc voulu faire, sinon mettre le droit en harmonie avec les nécessités de la vie moderne et le besoin d'initiative et d'activité qu'elle comporte ? faudrait-il croire que la théorie subjective se trouverait lui être plus favorable ?

57. — En réalité, ce qu'il faut avant tout pour favoriser l'initiative et seconder l'activité individuelle, c'est moins de lui épargner les risques que de lui garantir la plus grande somme possible de certitude juridique. Le courant juridique moderne manifeste comme un immense besoin de certitude[92]. Or à ce point de vue la théorie classique se trouve doublement en

92. Voir à titre de rapprochement le merveilleux chapitre de IHERING sur la *Simplicité élémentaire des corps juridiques* dans son *Esprit du droit romain*, t. IV de la traduction, § 04 et § 05, et voir ce que dit si bien à ce sujet M. SAUVAIRE-JOURDAN dans le compte rendu cité plus haut, note 70.

défaut : en ce qui touche les recherches compliquées d'analyse subjective et en ce qui touche la mesure de l'indemnité.

Rien de moins conforme aux nécessités de la vie moderne que ces recherches judiciaires sur la faute et l'imprudence alors que neuf fois sur dix il s'agit de faits de pur hasard, accomplis dans les conditions où tout le monde les accomplit et qu'on ne peut atteindre qu'à la condition d'ériger en faute les usages les plus courants, souvent même des procédés qui s'imposent. Il faut donc rejeter par-dessus bords ces procédés purement fictifs et poursuivre franchement, nettement, pour le fait et non pour la faute : on saura à quoi s'en tenir et ce n'est pas du côté de l'initiative qu'on aura à s'en plaindre. L'initiative ne recule pas devant les risques, elle ne recule que devant les longueurs et devant l'incertitude.

Mais voici surtout qui est décourageant pour l'initiative, c'est l'incertitude sur le prix des risques. Dans la théorie classique où l'indemnité a forcément pour base une faute, que l'on prétend démontrée, et qui est presque toujours présumée, le seul principe admis en matière d'indemnité c'est celui de la réparation intégrale, réparation mesurée par conséquent au préjudice personnel éprouvé par la victime. On ne peut jamais savoir à quel taux cela peut s'élever. Et c'est cela surtout qui est en contradiction avec toutes les nécessités actuelles. Il n'y a de compatible avec les besoins d'une époque d'activité que le système de la loi salique, système de wergelds tarifés d'avance. C'était aussi une époque d'activité, activité de rustres et de batailleurs ; c'était alors tant par jambes cassées ou par bras coupés. Rien n'y manquait, pas même l'appréciation sociale de la victime ; seulement on ne laissait rien au hasard et on était classé par avance ; et c'était tant par catégories sociales. Là aussi il y avait donc une individualisation telle quelle de l'indemnité, mais faite par la loi et non par le juge ; individualisation purement légale et non judiciaire. En tant qu'il s'agissait de peines privées et d'un système de responsabilité pénale, rien n'était plus grossier. Mais en tant qu'il s'agissait de fixer par avance le prix des risques de l'activité humaine rien n'était plus conforme aux exigences de la vie. Aujourd'hui il ne s'agit plus d'activité guerrière, mais d'activité industrielle, et la seconde fait presque autant de victimes que la première. Là où il y a faute et imprudence, que l'on frappe et que l'on frappe très fort, il le faut absolument ; mais là où il ne s'agit plus que de payer les risques, c'est encore le système de la loi salique, ou quelque chose d'approximativement analogue, qui reste la seule théorie possible ; et je démontrerai tout à l'heure que l'indemnité correspondant à l'idée de risques se tarifera à une mesure purement abstraite, quelque chose, avec un peu plus d'individualisation cependant, et c'est de toute justice, qui rappelle, au moins de loin, le système du wergeld.

Donc à l'idée classique que les risques sont la conséquence de la personnalité elle-même j'oppose cet autre principe qu'ils sont la conséquence de l'activité : M. Sainctelette disait déjà avec beaucoup de raison : « Qui a l'autorité doit supporter les risques ». C'est sa formule que je reprends et que j'élargis. Parler d'autorité ce n'est pas assez dire : les risques, prix et rançon de l'activité, voilà la véritable conception juridique et sociale. Quiconque agit doit supporter les risques de son fait.

58.—Allons-nous trouver maintenant une notion différente en matière de propriété? Que les risques soient l'accessoire de la propriété, cela veut dire incontestablement que le propriétaire doit subir les pertes qu'on ne peut imputer à personne ; il est certain que si sa maison est incendiée par la foudre il n'aura à s'en prendre à qui que ce soit au monde. Mais cela veut-il dire qu'il devra supporter les pertes dérivant du fait d'autrui, lorsque ce fait a été voulu et librement réalisé, alors même que son auteur ne fût pas en faute de n'en avoir pas aperçu les conséquences possibles? C'est là une toute autre question ; et il faut reconnaître que se serait en pareil cas prodigieusement sacrifier la propriété et terriblement en restreindre les garanties que de faire subir la perte au propriétaire plutôt qu'à celui qui en a été l'auteur. Sans doute ce dernier n'a rien à se reprocher ; il pouvait cependant ne pas agir, et l'accident vient de lui et de sa volonté ; le propriétaire, lui, n'a joué qu'un rôle passif : en face du danger qui le menaçait à son insu, il ne pouvait rien, pas même se garer puisqu'il a été pris à l'improviste. Donc entre les deux il y en a un qui pouvait quelque chose pour empêcher le dommage et un autre qui n'y pouvait rien ; il faut convenir qu'entre les deux la justice veut que le risque soit pour celui qui a agi étant libre de ne pas agir.

D'autre part tout fait d'activité poursuit un but intéressé, le plus souvent ce sera un intérêt économique ; celui qui l'a voulu cherchait son avantage. Il doit accepter par conséquent, à côté des bonnes chances, les mauvaises : celui qui a les profits doit avoir les pertes. Cela est également vrai, dira-t-on, du propriétaire ; mais ce n'est pas vrai pour lui de la même façon. Les profits lui viennent de son fait, c'est-à-dire de son travail ; les pertes correspondant à ces profits ce sont celles qui viendraient de sa propre gestion. Mais les pertes qui proviennent du fait des autres ne correspondent à aucun profit pour le propriétaire : comme bénéfice il n'a rien à attendre des autres. Ce n'est donc pas au passif du propriétaire qu'elles doivent compter, mais au passif de leur auteur. C'est l'activité qui porte les risques : elle court les chances, bonnes ou mauvaises, car il n'y a d'activité qu'à ce prix.

Mais il faut aussi que dans ce monde moderne où la lutte est si âpre la première loi de l'activité soit le respect du droit d'autrui : sinon pour s'empêcher d'agir, du moins pour s'obliger à en réparer les violations possibles, même involontaires. Il y a sur ce point encore un vieux proverbe populaire, bien vulgaire à coup sûr, et banal comme tout ce qui est vrai : « Qui casse les verres les paie » ! Ce n'est pas une question de faute, c'est le risque d'un fait. La justice populaire le veut ainsi ; pourquoi donc la justice légale dirait-elle tout le contraire ?

IX

59. — Il était indispensable, si nous voulions établir certaines distinctions en ce qui touche le règlement de l'indemnité, de remonter à la théorie générale du délit civil. Cette théorie nous est apparue, en ce qui touche le fondement de l'obligation délictuelle et du droit à indemnité, comme une théorie purement objective. Mais nous arrivons maintenant à la question, non plus du fondement, mais de la mesure de l'indemnité ; et j'ai déjà laissé entendre que sous ce rapport le point de vue subjectif allait être pris en considération. Je rappelle donc quelle est au point de vue subjectif, et d'après les preuves qui ont pu en être fournies, la classification tripartite que nous avons exposée : faute intentionnelle, faute d'imprudence, faute objective ou simple fait de risque.

Reportons-nous maintenant aux principes qui régissent la

dette d'indemnité, et nous savons où les trouver, c'est en matière d'inexécution d'obligation. Bien que les parties soient censées avoir consacré par leurs conventions, et éventuellement, le règlement légal des dommages-intérêts, ce règlement n'en est pas moins celui que la loi a établi en se plaçant à un point de vue de justice supérieure et qu'elle considère comme devant former le droit commun en matière de réparation, dans tous les cas par conséquent où l'on ne se trouve pas en présence d'un rapport juridique que les parties aient pu modifier par avance par voie contractuelle, ce qui est le cas en principe de la responsabilité de l'article 1382.

Or, le système de la loi fondé sur les articles 1149 à 1151 est que l'adaptation de la réparation au dommage se mesure à l'adaptation de la volonté elle-même au dommage qui a été réalisé; là où la volonté l'a voulu, l'adaptation est complète, c'est le principe de la réparation intégrale, donc exactement adéquate au dommage; là où elle ne l'a ni prévu ni voulu, c'est bien encore une réparation personnelle, c'est-à-dire qui se mesure, non pas à forfait et d'après une moyenne, mais d'après le préjudice souffert par la victime considérée dans son individualité personnelle, tout en se limitant cependant à ce qu'on aurait pu prévoir. C'est la solution de la loi en matière d'imprudence. On prétend que les expressions mêmes de la loi répugnent à cette adaptation aux délits; on peut prévoir l'éventualité d'un dommage lorsqu'on contracte une obligation et qu'on peut savoir ainsi par avance à quoi l'on s'expose pour le cas où l'on n'exécuterait pas; mais l'imprudent qui agit en dehors de tout contrat, donc qui n'a pas prévu les conséquences dommageables de ses actes, comment pourrait-il donc prévoir le montant pécuniaire approximatif des risques?

S'il agit de façon à risquer de blesser quelqu'un, comment pourra-t-il prévoir que sa victime pourrait être un individu qui eût telles ou telles charges de famille ou un travailleur qui fût le gagne-pain des siens, et prévoir même l'importance de la famille à laquelle le chef va manquer? Et même si l'on suppose qu'il ait pu prévoir les conséquences de son fait au moment où ce fait s'exécute, comment supposer qu'il ait pu par devers lui tarifer en valeur pécuniaire les suites possibles de l'acte qu'il va entreprendre, et se décider d'après ce calcul approximatif? Serait-ce donc suivant que ce calcul eût été possible ou non que l'on caractériserait la matérialité du fait et qu'on le qualifierait de fait susceptible de risques ou de fait qui n'en impliquât pas? Ce serait un critérium non seulement bien moderne, mais qui sentirait quelque peu, dirait-on, son américanisme.

Cette façon d'interprétation purement verbale est impuissante, j'imagine, à prévaloir contre l'esprit et le sens très clair de la loi. Les dispositions des articles 1149 à 1151 font application à la matière des contrats de principes supérieurs et de lois générales qu'il faut entendre et formuler dans leur abstraction afin de les adapter ensuite aux applications particulières qui en seraient faites, en les dégageant par conséquent de ce qu'il peut y avoir de spécial à la matière des contrats[93].

Or, le principe supérieur de justice qui se dégage de toute cette réglementation, c'est que, en dehors de la faute intentionnelle, nous sommes en matière de répartition des risques et que l'équité exige que dans cette répartition on tienne compte des rapports respectifs des deux parties en cause[94].

60. — Parler de répartition des risques en matière d'imprudence n'est-ce pas contradictoire et se tromper de domaine? Eh, mon Dieu, non! ce que nous appelons la faute légère, car je crois bien qu'il faut en effet assimiler la faute lourde au dol, et j'ai déjà dit ce que j'entendais par faute lourde, est quelque chose de tellement personnel, de si aléatoire surtout, de si variable suivant les gens et les appréciations, que dans la pratique et en réalité c'est toujours d'après la matérialité du fait qu'on la juge et jamais d'après le tempérament de l'individu, alors qu'en fait il peut être avéré que l'agent, d'après son degré d'intelligence et d'expérience, pouvait être absolument incapable de prévoir et d'agir autrement. Donc dans la réalité c'est encore un risque qu'on lui fait subir : tout cela je crois aussi l'avoir très clairement établi; seulement c'est un risque qu'un plus intelligent ou un plus expérimenté aurait su éviter. La faute aquilienne n'est pas autre chose. S'il en est ainsi, puisqu'il s'agit de régler et de répartir les consé-

93. Je rappelle que cette façon d'interprétation a déjà été proposée par M. Sourdat, I, n°s 104 et suiv.

94. C'est d'ailleurs ce que fait constamment la jurisprudence, ne serait-ce qu'au cas de faute commune (Cf. Laurent, *loc. cit.*, n°s 530 et 531). Voir sur ce cas de faute commune et de responsabilité partagée les arrêts cités par M. Mongin, *Rev. bourguignonne*, 1893, p. 439 et suiv.

quences de cette part de hasard et d'inconnu que, dans la vie, nous devons tous supporter, il devient absolument équitable d'établir dans les rapports respectifs des deux intéressés ce juste équilibre qu'impose le degré de volonté qu'ils ont pu mettre dans la réalisation du fait. Si donc l'agent n'a commis qu'un acte d'imprudence, la justice veut sans doute qu'il couvre les frais, mais dans la mesure où un plus habile et un plus circonspect aurait pu calculer, en mettant les choses au pire, les conséquences de son acte. Il ne s'agit pas de prévision spécialisée ayant porté sur l'accident même qui a pu se produire, comment eût-il été possible de l'individualiser à ce point? Il s'agit d'une prévision générale qui aurait pu être faite approximativement d'après les éventualités moyennes des choses et d'après les chances communes, donc qui, en tout cas, à supposer qu'elle ne fût pas incapable d'imaginer quels accidents pussent devenir possibles, l'eût été absolument d'en calculer les conséquences exagérées et invraisemblables. Ce qui implique une mesure du dommage, calculée sans doute sur le dommage individuel, mais appréciée avec circonspection et dans un esprit plutôt restrictif. Si donc il y a eu mort d'homme, il ne s'agira pas encore de se limiter à une sorte de moyenne et de forfait qui fût identique pour tous les accidents de personnes; il faudra établir la perte patrimoniale que sa disparition va faire subir aux siens : c'est ce que j'appelle une réparation individuelle, une adaptation concrète au dommage réalisé. Mais cette perte ne devra être appréciée que dans ses conséquences immédiates et les plus directes : il serait anti-juridique de tenir compte de celles qui ne seraient pas étroitement rattachées à la perte survenue et dont l'éventualité dans l'avenir pût dépendre, bien qu'il s'agisse encore de suites directes au sens de l'article 1151, d'une certaine part de hasard que, pour les accepter en tant qu'éléments de calcul, il fallût de toute façon escompter : en d'autres termes, on tiendra compte de la perte proprement dite, tandis qu'il y aura lieu d'apprécier d'une façon très étroite et très restrictive la part correspondant au gain manqué.

61. — Au surplus, ce n'est encore qu'une conception et une théorie un peu vague que je viens d'esquisser. Peut-être certaines investigations et certains courants législatifs nous permettraient-ils de mieux préciser. On sait que le Code civil allemand, suivant en cela les procédés d'exposition de Domat, traite en un seul ensemble de la dette d'indemnité pour tous les cas où il pourrait être question de réparation à fournir quelle qu'en soit la cause, inexécution d'obligation ou délit. Or l'article 252 qui établit les bases d'appréciation d'après lesquelles devra se calculer l'indemnité distingue entre les deux éléments du dommage, imposant réparation intégrale pour la perte réalisée, et limitant celle relative au gain manqué à celui sur lequel on aurait pu vraisemblablement compter. Or, devant la commission de revision, celle chargée du second projet, on avait demandé d'introduire en ce qui touche la perte elle-même une disposition analogue à celle de notre article 1150, limitant de droit commun l'indemnité qui dût s'y rapporter à la perte qu'on eût pu prévoir, et n'imposant réparation intégrale de ce chef que pour le cas de faute intentionnelle [95]. Cet amendement avait disparu du projet définitif présenté au Reichstag [96], et à la commission du Reichstag on en demanda le rétablissement.

Or l'une des raisons précisément qui le firent repousser c'est qu'il reposait sur un principe aujourd'hui à peu près universellement écarté, l'idée que les dommages-intérêts auraient pour fondement une clause conventionnelle sous-entendue. Il s'agit uniquement, même en matière d'obligation, d'une question de risques à subir; et, ceci posé, on a considéré que, les prévisions des parties n'y étant pour rien, c'est par un pur principe d'équité que la question devait être tranchée. La commission du Reichstag a pensé que l'équité imposait dans tous les cas en ce qui touche la perte réalisée la réparation intégrale et l'amendement fut repoussé [97].

Et cependant en matière de gain manqué on laissait subsister la limitation de l'indemnité à ce qui eût pu entrer dans les prévisions normales des parties [98] : n'est-ce pas contra-

95. Voir le texte du second projet (art. 215) dans REATZ, *Die zweite Lesung des Entwurfs eines bürgerlichen Gesetzbuchs für das deutsche Reich*, I, p. 109 et cf. *Bulletin de la Société de législation comparée*, 1895, p. 740.

96. Art. 246 du projet définitif présenté au Reichstag (*Entwurf eines bürgerlichen Gesetzbuchs in der Fassung der dem Reichstag gemachten Vorlage*, Edition Guttentag, p. 54). Cf. *Denkschrift zum Entwurf eines bürgerlichen Gesetzbuchs*, p. 44.

97. *Bericht der Reichstags-Kommission über den Entwurf eines bürg. Gesetzb.*, p. 35 et 36.

98. Voir le texte définitif de l'article 252 du Code civil dans l'excellente édition d'ACHILLES, *Bürgerliches Gesetzbuch* (Guttentag, 1896). Art. 252, p. 67. Pour la traduction, voir celle qui vient de paraître de M. MEULENAERE,

dictoire puisque le principe de l'indemnité n'est pas la prévision que les parties en auraient pu consentir ? Il faut donc bien qu'en parlant de prévision on n'ait pas en vue une clause tacite accessoire au contrat ; et de toutes façons il faut bien qu'il en fût ainsi puisque cela devait s'appliquer même à la dette d'indemnité en matière d'obligation délictuelle. Voilà donc une disposition qui reproduit partiellement celle de notre article 1150, à savoir pour ce qui est du gain manqué, et qui est susceptible de s'adapter au règlement de l'indemnité délictuelle : on voit donc bien qu'il n'y avait rien de tellement hardi à proposer chez nous pour notre article 1150 une transposition analogue.

Et, pour conclure, j'estimerais en effet, pour mieux préciser ma pensée, que l'indemnité, s'agissant de faute d'imprudence devrait en effet se réduire à la réparation totale correspondant à la perte, et se restreindre pour celle relative au gain manqué à ce, à quoi, normalement, et par une sorte de moyenne, on eût pu s'attendre pour un accident de ce genre.

Principe d'appréciation individualisée et adéquate au dommage en ce qui touche la perte : appréciation purement abstraite en ce qui touche le gain manqué ; et l'on va voir ce que j'entends par une appréciation de ce genre.

62. — J'arrive donc, en effet, au troisième chef de responsabilité, celle fondée uniquement sur l'idée de risque, indépendamment de toute faute personnelle. Le système de la loi, nous l'avons vu, est que la réparation doit s'individualiser de moins en moins au fur et à mesure que la volonté se trouve moins individualisée par rapport au dommage causé, moins adaptée aux conséquences du fait qu'elle a voulu, d'autant moins par conséquent que ce dommage a été moins voulu. S'il en est ainsi, il est absolument logique, continuant cette graduation croissante, d'en arriver à l'idée d'une réparation purement abstraite et objective comme corrélative à la faute purement objective, c'est-à-dire comme correspondant à l'idée de risque.

L'intention n'a pas été établie, l'imprudence non plus, ni la clause contractuelle de garantie. Reste un fait apprécié purement et simplement dans sa matérialité abstraite, indépen-

Code civil allemand et loi d'introduction (Paris, Chevalier-Marescq, 1897), p. 70.

damment de toute idée de faute personnelle spécialisée[99].

Bien entendu si nous parlions de présomption de faute il faudrait régler l'indemnité dans la mesure adoptée de droit commun pour le cas de faute subjective, tout au moins pour le cas de fait d'imprudence.

Mais la faute objective, ce n'est plus qu'un rapport de causalité en vertu duquel le dommage se trouve rattaché à une activité personnelle et volontaire dont la nature et le caractère, au moins extérieurs, sont tels qu'elle implique des risques; donc il s'agit d'un fait apprécié dans sa matérialité objective, il faut donc envisager ses conséquences de la même façon objective et abstraite.

Si au cas de simple imprudence la loi restreint l'appréciation, quant au gain manqué, à une pure évaluation à forfait, fondée sur une moyenne abstraite plutôt que sur le calcul exact de ce qui aurait pu être réalisé, c'est donc qu'au fur et à mesure qu'elle approche de l'idée de risques, elle tend à faire de l'évaluation du dommage quelque chose de plus abstrait, de moins individualisé, de moins personnel à celui qui l'a souffert, et comme une sorte de forfait pour tous les accidents similaires.

La faute intentionnelle est une volonté génératrice de dommages; il faut s'en prendre à elle s'il est arrivé : donc il faut le lui faire payer tout entier.

La faute d'imprudence c'est un risque qui commence; cependant un risque qu'avec un peu plus d'attention, et sans se départir des nécessités normales de la vie et des usages qui s'imposent, on aurait pu éviter. C'est encore un fait anormal : et un fait anormal, cela se paie; pas aussi cher sans doute que la faute intentionnelle, mais suffisamment pour que toute la perte intégrale qui en résulte soit réparée.

La faute purement objective, laquelle n'est plus qu'un simple rapport de causalité, sans rien d'anormal, est un fait conforme aux usages de la vie, un fait qui ne pouvait guère ne pas être ce qu'il a été, mais impliquant des risques,

99. Il m'est très précieux de pouvoir m'appuyer, en partie tout au moins, en ce qui touche tout ce mouvement d'idées, sur la haute autorité de M. Huc, *loc. cit.*, t. VIII, nº 437, p. 578. Voir surtout la seconde partie de l'étude de MATAJA, *Das Recht der Schadenersatzes* (la deuxième partie est précisément consacrée à la mesure de l'indemnité (*Die Bemessung des Schadenersatzes*, p. 185 et suiv.).

parce que vivre et agir c'est prendre des initiatives, faire la part du hasard et accepter des responsabilités. Mais ces risques il faut qu'eux aussi soient en proportion normale avec la part de responsabilité qu'une activité légitime et régulière doit équitablement supporter. Ceux qui en seront victimes ne pourront plus demander la réparation intégrale, parce que pour cela il faudrait pouvoir accuser une volonté coupable et mettre tout à sa charge : ils ne se trouvent plus en présence que d'un fait légitime : ils ne peuvent lui imputer que les suites normales qui sont les conséquences accessoires de sa propre répercussion, de sa répercussion forcée, dans le monde des faits extérieurs. Pour le reste la victime le supportera : ce sera une coparticipation aux risques ; chacun sa part, n'est-ce pas la conception même de la vie telle qu'elle nous est faite ?

Partant de là, il s'établira en vertu des usages reçus comme une sorte de tarif maximum pour chaque genre d'accident et comme un minimum normal, constituant les deux limites à forfait entre lesquelles variera l'appréciation du juge, sans que l'individualisation du dommage puisse aller au delà : ce sera un forfait à limites variables. C'est ce que j'appelle l'appréciation objective et abstraite : elle portera ici tant sur la perte elle-même que sur le gain manqué.

63. — Donc appréciation concrète et individualisée tant pour la perte que pour le gain manqué au cas de faute intentionnelle.

Appréciation individualisée pour la perte, purement objective quant au gain manqué, au cas de faute d'imprudence.

Appréciation purement abstraite et objective tant pour le gain manqué que pour la perte réalisée au cas de faute objective indépendante de toute idée de faute personnelle et résultant du simple rapport de causalité, et d'un pur fait d'activité normale constitutif de dommage.

On voit par là que pour obtenir réparation abstraite il suffit à la victime d'établir un simple rapport de causalité, il lui importera beaucoup aussi de faire une preuve plus complète : celle d'une clause de garantie pour réclamer toute l'indemnité qui aura été censée prévue dans le contrat, celle d'une faute d'imprudence pour arriver à l'individualisation partielle de l'indemnité, ou, s'il y a lieu, d'une faute intentionnelle pour aboutir à une individualisation complète, et par suite à la réparation intégrale.

X

64. — Il reste à me résumer et à conclure : toute l'idée très simple de l'interprétation que je propose sur l'article 1382 consiste à substituer le point de vue objectif à la conception subjective qui reste dominante.

Et en cela je demande uniquement que l'on mette la théorie d'accord avec les faits.

Car neuf fois sur dix, nous l'avons vu à propos de la jurisprudence qui s'est formée en matière d'accidents, sous prétexte de faute personnelle, on se contente d'une faute objective.

En réalité on ne démontre la faute personnelle que s'il s'agit d'intention ; on peut en effet prouver un fait de volonté s'appliquant au fait du dommage.

Mais établir une imprudence subjective en soi, c'est presque impossible. Ce que l'on établit c'est un fait matériel qui en soi aurait pu être autrement ; mais démontrer que la volonté qui a présidé à ce fait aurait pu prévoir autre chose que ce qu'elle a prévu, c'est véritablement un problème digne de la quadrature du cercle. Il est déjà bien difficile, quand la volonté sait ce qu'elle veut, de démontrer qu'elle était libre de ne pas le vouloir ; mais quand elle n'a pas porté sur l'objet même qu'on lui reproche et que cet objet ne s'est pas présenté à l'esprit, démontrer que la volonté est coupable de n'avoir pas suscité en elle une pensée qui ne s'y présentait pas toute seule, c'est une prétention qui frise le ridicule. Tout ce que l'on peut dire c'est que tel fait en lui-même, matériellement, objectivement, est un fait que la grande majorité des hommes n'aurait pas réalisé de cette façon, donc qu'objectivement c'est un fait anormal, un fait d'imprudence : mais subjectivement, qu'aurait-il pu être s'il n'avait pas été ce qu'il a été, et comment aurait-il pu être autrement ? C'est ce que personne ne peut dire ; et en tout cas c'est ce qui dépend absolument du tempérament et de la nature de chacun ; or il est de règle que l'imprudence se mesure d'après certains types abstraits, ce qui écarte toute idée d'appréciation subjective du tempérament de l'agent, de son degré d'intelligence et d'expérience personnelle. Donc un fait d'imprudence n'est jamais qu'une imprudence objective ; un fait qui dans sa matérialité est anormal. Voilà tout ce que l'on peut dire.

Et cela est si vrai que pour les infractions du droit pénal qui ne reposent que sur la faute d'omission, d'imprudence et d'ignorance, comme les contraventions, on néglige toute recherche intentionnelle subjective : en fait c'est impossible. Il faut se contenter du fait que l'acte a été volontaire : objectivement, c'est une infraction. Cela suffit pour établir la responsabilité. Et l'on ne voudrait pas qu'il en fût de même du délit civil ? Mais il y a un *à fortiori* pour que ce dernier fût constitué uniquement par ce point de vue objectif en dehors de toute recherche subjective.

Donc, en dehors de la faute intentionnelle, ce n'est jamais, sous prétexte de faute, que le fait objectif que constate et qu'établit la jurisprudence : le prétendu quasi-délit des auteurs, c'est un fait objectivement anormal.

65. — S'il en est ainsi, si la responsabilité n'est jamais attachée qu'à des faits considérés objectivement, rien de plus rationnel que le fait normal puisse, lui aussi, sous certaines conditions, entraîner responsabilité. Ce n'est plus une question de volonté coupable ; ce n'est plus que la question de savoir quels sont les faits de la vie courante qui entraînent des risques avec eux ; cela va de soi du fait anormal ; mais cela peut être vrai tout aussi bien du fait normal s'il est tel de sa nature, et j'entends cela de sa nature objective, qu'il soit susceptible de se heurter à une part d'inconnu d'où puissent résulter des suites fâcheuses pour les autres. Or n'est-ce pas, sauf preuve contraire, le cas de la plupart des faits positifs ? De là l'idée de faute objective qui n'est plus qu'un rapport de causalité entre le dommage réalisé et une activité considérée comme constitutive de risques.

En présence d'un fait positif la victime n'a donc rien à prouver, seul le défendeur peut être admis à écarter ce caractère objectif de fait constitutif de risques, pour établir que le fait en lui-même impliquait absence de risques, dans la mesure du possible.

Si au contraire il s'agit de non-intervention, la victime prouvera l'imprudence c'est-à-dire le fait objectivement anormal, la faute objective d'imprudence ou de négligence.

Pour prouver l'élément subjectif il faudrait ou bien prouver l'intention de causer le dommage ou bien prouver que, sans avoir voulu le dommage, c'est volontairement que l'on a omis les précautions qui devaient l'empêcher.

Or dans le cas seulement où l'on établit la faute subjective, il y aura réparation intégrale ; au cas de faute objective il n'y aura que réparation approximative, plus ou moins pleine suivant qu'il s'agira d'imprudence ou de faute objective pure et simple, c'est-à-dire de risques purement et simplement.

66. — Si maintenant on applique cette théorie aux accidents de travail, il en résulte que le fait qui a produit l'accident se présente lui-même comme le résultat d'une activité plus qu'aucune autre susceptible de risques, puisqu'il s'agit d'activité industrielle ; et qu'au point de vue objectif, il n'y a pas d'activité au monde plus complètement livrée à la part de hasard et d'inconnu d'où peuvent sortir tous les accidents et tous les risques que celle-là. Donc l'article 1384 en admettant de plein droit et sans autre preuve la responsabilité du fait des choses ne fait que reconnaître un cas de faute objective analogue à celle de l'article 1382, avec cette différence que le défendeur n'est plus admis à faire aucune preuve en vue de présenter sous un autre jour le fait qu'on lui objecte ; car par avance la preuve est faite contre lui, le caractère de fait générateur de risques dépend de la situation même du défendeur par rapport aux choses qu'il emploie. La preuve est faite ; aucune preuve contraire ne peut plus intervenir.

Donc de ce seul fait l'ouvrier aura droit à réparation. Seulement, s'il s'en tient à cette preuve sommaire et si facile du reste, il risque de ne toucher qu'une indemnité, de nature sans doute à lui fournir réparation relativement suffisante, mais n'atteignant que très rarement à la réparation intégrale [100].

100. Je reconnais que tous les partisans de l'article 1384, ceux qui invoquent la responsabilité du fait des choses, ce qui est la théorie même du risque professionnel, n'admettent pas cette limitation de la responsabilité ; tout au contraire. Ainsi M. Pirmez (*loc. cit.*) établit à cet égard la supériorité de la théorie nouvelle sur la thèse contractuelle, laquelle, en effet, puisque tout repose sur la convention, pourrait être interprétée comme une promesse à forfait. J'ai retourné quant à moi les termes de la proposition : c'est à propos de l'article 1384 que j'admets une indemnité à forfait et à pro-

Pour avoir une indemnité plus forte, il lui faudrait prouver l'imprudence ; et pour avoir droit à la réparation intégrale il lui faudrait établir la faute intentionnelle, ou mieux encore, une clause tacite de garantie contractuelle, une clause d'assurance contractuelle.

On voit donc que par le seul mécanisme du droit privé, par cela seul qu'il ne s'agit encore que de rapports individuels, on n'aboutit guère qu'à des résultats incomplets. L'ouvrier est sûr de toucher une assez forte indemnité, mais elle peut être insuffisante. Le patron supporte les risques; il est vrai que, dans tous les cas où le fait d'imprudence n'est pas établi, on ne lui impose qu'un tarif réduit : mais n'est-ce pas encore très lourd pour la grande industrie? La véritable solution juridique, la seule qui corresponde à l'équité sociale et à la réalité des choses, ce serait de faire de la répartition des risques une charge collective de l'organisme industriel ; et cela ne peut s'obtenir que par le mécanisme de l'assurance. Mais ceci dépasse le domaine de l'article 1382 et de l'article 1384 ; assurance privée ou bien assurance légale et forcée? c'est tout un autre problème. Et ce n'est pas ici le lieu de l'aborder.

pos de la clause de garantie que je propose l'assurance intégrale, et cela me semble en effet plus conforme à la distinction normale entre l'obligation légale et l'obligation contractuelle, cette dernière ayant pour objet de suppléer aux lacunes de la première.

TABLE

Imp. G. Saint-Aubin et Thevenot. — J. Thevenot, successeur, Saint-Dizier (Haute-Marne).

www.ingramcontent.com/pod-product-compliance
Lightning Source LLC
LaVergne TN
LVHW020033170826
845678LV00001B/235